Herderbücherei

Band 560

Über das Buch

In einem modernen Fernsehfilm wurden die Bardamen als die eigentlichen Seelsorger unserer Zeit bezeichnet, da gerade bei ihnen viele Menschen ihre Sorgen abladen. Taxifahrer, Pädagogen, Bademeister, Krankengymnastinnen, Apotheker, Friseure berichten von ähnlichen Erfahrungen.
Heute begegnet wohl jeder aufgeschlossene Mensch gelegentlich einem Hilfesuchenden, der Lebensrat oder wirksame Unterstützung nötig hat. Sind wir für solche Notfälle überhaupt ausgerüstet?
Auch der sogenannte Laie kann in vielen Notsituationen einspringen, wenn ein Fachmann gerade nicht erreichbar ist. Doch ohne ein solides Grundwissen kann guter Wille oft mehr zerstören als helfen.
Dieses Buch aus der Feder eines erfahrenen Arztes und Telefonseelsorgers gibt anhand vieler konkreter Beispiele Anleitung zum wirksamen Helfen.

Über den Autor

Dr. med. Dr. phil. Klaus Thomas D. D., geboren am 31. 1. 1915 in Berlin. Abgeschlossene Studien in Berlin und Marburg/Lahn in den Fächern Theologie, Philosophie, Neuphilologie, Psychologie, Psychotherapie und Medizin. Die Vielseitigkeit des gründlichen Studiums zeigt sich auch in seiner beruflichen Tätigkeit: zunächst Studentenpfarrer in Berlin, dann Klinikpfarrer in Marburg und heute Arzt und Psychotherapeut in Berlin, Dozent an der Lessing-Hochschule. Seit 1956 leitet Klaus Thomas die von ihm gegründete „Ärztliche Lebensmüdenbetreuung Berlin“ und ihre Telefonseelsorge. 1964 und 1965 war er „staff-psychiatrist“ und zugleich Professor für Seelsorge in Washington D. C. Seit 1972 Leiter des „I.-H.-Schultz-Instituts für Psychotherapie, Autogenes Training und Hypnose“.

Heinrich Kalbfuss

Wer hilft wo?

Beratungsstellen in Deutschland,
Österreich und der Schweiz

3000 wichtige Anlaufadressen mit Telefonnummern, nach Problembereichen geordnet

Praktische Hinweise für die Nutzung der verschiedenen Dienste

Herderbücherei Band 559 :::. 240 Seiten

Erstmals gibt dieses Taschenbuch einen umfassenden Überblick über die Einrichtungen der Lebensberatung und Lebenshilfe in Deutschland, Österreich und der Schweiz. Der Autor hat dieses Nachschlagewerk aufgrund seiner Erfahrungen als psychologischer Mitarbeiter beim „Telefondienst Saarländischer Rundfunk" entwickelt und in jahrelanger Arbeit gesammelt. Gegliedert nach Problembereichen werden dem Benutzer Schlüsselinformationen in Verbindung mit gezielten Adressen angeboten, von denen aus sich wirksame Hilfe organisieren läßt. Wer dieses Taschenbuch besitzt, ist für viele Notfälle gerüstet.

in der Herderbücherei

Dr. med. Klaus Thomas

Wirksam helfen – aber wie?

Lebenshilfe durch Laien

Herderbücherei

Originalausgabe
erstmals veröffentlicht als Herder-Taschenbuch

Herder Freiburg · Basel · Wien
Freiburger Graphische Betriebe 1976
ISBN 3-451-07560-1

Inhalt

I.
Die unechten und echten Motivationen für „Laienhelfer“

A) Einleitung: Wer ist ein „Laie“, und wer ist ein „Helfer“?

„Hilfe! – H-i-l-fe!!!“
Wer könnte einen Hilferuf überhören? Wer eilt nicht zu dem Rufenden?

Einen Ertrinkenden hörte ich nach seiner Rettung klagen: „Die Leute standen alle nur am Ufer; aber sie konnten nicht schwimmen, dann wußte niemand, wo ein Telefon war und wen sie anrufen sollten, und als mich endlich einer bewußtlos aus dem Wasser gezogen hatte, verstand niemand etwas von künstlicher Beatmung.“

Die Schlußfolgerung ist klar: Wir brauchen überall und viel mehr „Erste Hilfe“.

Viele aber rufen, und niemand hört sie. Bei anderen ist die Lebensgefahr nicht von außen erkennbar, sondern in der Seele verborgen. Die Scham ist dann oft noch größer als die Not, und sie kleiden ihren Hilfeschrei nur in das resignierte Klagen: „Es hat ja doch alles keinen Sinn mehr!“

Allein in der Bundesrepublik Deutschland sterben in jedem Jahr über 17000 Menschen durch eigene Hand, weil ihr Hilfeschrei ungehört verhallt, und für rund 100000 lautet – bewußt oder nicht – die Hauptfrage: Wer versteht meinen Selbstmordversuch so, wie er gemeint ist: als Schrei nach Hilfe?

Millionen Behinderte, Kranke, Verzweifelte, Ratlose, Konfliktbeladene, Einsame, Süchtige suchen dringend Hilfe. Die Fachleute sind überfordert. Ärzte haben so wenig Zeit.

Manche Laien möchten so gerne helfen, aber sie wissen nicht wie – und unter welchen Voraussetzungen. „Können wir helfen? Dürfen wir es überhaupt? und wie helfen wir denn wirksam?“ So sind wir oft gefragt worden.

Aus einer zwanzigjährigen Erfahrung – mit Laienhelfern – soll dieses Büchlein diese Fragen praktisch beantworten. Ein Bild des

Laienhelfers will dieses Buch zeichnen. Dazu ist zunächst eine Umrißskizze erforderlich, damit die Grenzen klar hervortreten; denn die Begriffe vom „Laien“ und vom „Helfen“ bleiben ohne Begriffsbestimmung zu verschwommen (S. 11 ff.).

Dann legen wir den dunklen Hintergrund an und sprechen dabei von Fehlhaltungen und unechten Motivationen (S. 22 ff.), damit der Wert echter Laienhilfe sich um so leuchtender abhebt und damit wir nicht einem weltfremden Idealismus das Wort reden, sondern von der ganzen Wahrheit und Wirklichkeit berichten, also auch von den Schattenseiten.

„Hat Laienhilfe denn einen Sinn?“ Kommen Sie mit mir, und begleiten Sie unsere Laienhelfer bei ihrer Arbeit, und dann prüfen und urteilen Sie selbst!

1. Der „Laie“ allgemein

a) Der „Laie“ im ursprünglichen theologischen Sinn

Der „Laie“ ist der Mann aus dem Volk; denn „laos“ heißt im Griechischen „das Volk“. Seit Jahrtausenden und in fast allen Religionen wird diesem allgemeinen Volk, den Laien, ein besonderer Stand, ein Amt gegenübergestellt, das unter verschiedenen Namen von Medizinmännern, Schamanen, vor allem aber von Priestern ausgeübt wird.

Auch das Neue Testament unterscheidet schon zwischen den Ältesten, den „presbyteroi“, den Priestern einerseits, und dem Volk, den Laien, andererseits (1 Petr 5,1–4).

b) Der „Laie“ im späteren ärztlichen Sinn

Seit der Zeit der Priester-Ärzte des Asklepios vor 2500 Jahren blieben zwar bis in die Neuzeit hinein (wie Pompey überzeugend nachgewiesen hat) Aufgaben und Ausbildung des Priesters oft mit denen der Ärzte verbunden, doch kam das Wort „Laie“ als Gegensatz zum studierten Arzt völlig unabhängig davon erst im 19. Jahrhundert auf.

Zwar gibt es schon im Mittelalter die Bezeichnung „Laienpriester“ für den studierten Theologen, der nicht einem Orden angehört; einen „Laien-Arzt“ aber gibt es nicht. Nur Deutschland kennt dabei – im Gegensatz zu allen anderen Kulturnationen – einen „Heilpraktiker“. Auch treiben zahlreiche Kurpfuscher, Scharlatane und „Wunderheiler“ ihr Unwesen, von denen sich manche sogar vorschriftswidrig als „Naturarzt“ bezeichnen. Das Gesetz aber erlaubt nur den voll studierten und approbierten Medizinern die Bezeichnung „Arzt“.

c) Der „Laie“ im psychoanalytischen und im psychologischen Sinn
Mit der Entdeckung der Psychoanalyse zu Beginn des 20. Jahrhunderts durch Sigmund FREUD tauchte bald die Frage auf, ob nur Ärzte oder ob auch *„Laien-Psychoanalytiker“* tätig werden dürften. FREUD befürwortete solche „Laienanalyse“, erwartete freilich ein abgeschlossenes Studium auf einem verwandten Gebiet (z. B. Psychologie oder Pädagogik) als Voraussetzung für die spätere Zusatzausbildung und „Lehranalyse“.

Weit verbreitet, aber selten so bezeichnet, ist eine *„Laien-Psychologie“*. Die Berufsbezeichnung „Diplom-Psychologe“ nach erfolgreich abgeschlossenem Studium ist gesetzlich geschützt, nicht jedoch das Wort „Psychologe“, so daß zahlreiche – zum Teil geschäftstüchtige – Laien ohne ausreichende Fachkenntnis sich mit diesem Worte schmücken.

d) Der „Laie“ im juristischen Sinn
Laien-Richter, mit anderem Wort „Schöffen“, wirken bei Entscheidungen der Straf-, Verwaltungs-, Handels-, Arbeits- und Sozialgerichte mit. Sie sind ehrenamtlich tätig und werden nach den Listen der Gemeinden vorgeschlagen und berufen. Nur ausnahmsweise dürfen Laien-Richter ein solches Ehrenamt ablehnen.

e) Der „Laie“ im allgemeinen Sinn als Nicht-Fachmann
Immer weitere Gebiete forderten im 20. Jahrhundert eine sorgfältige Fachausbildung, und schließlich setzte sich für die Nicht-Fachleute die Bezeichnung „Laie“ durch.

Laienspieler ohne Schauspielausbildung führten und führen Theaterstücke mit beachtlicher Überzeugungskraft auf.

Im Sprachgebrauch ist es zulässig, wenn sich der Fachmann eines Gebietes in anderen Bereichen als Laie und damit als fachlich nicht zuständig bezeichnet. Ein Arzt oder Pfarrer ist z. B. für eine Fernsehreparatur, für Dachdeckerarbeiten, Atomkraftwerke, Düsenaggregate, elektronische Datenverarbeitung usw. als Laie völlig unkundig. Sicherlich ist jeder Mensch auf vielen Gebieten ein Laie.

f) Bedeutungswandel und Wertgehalt des Begriffes „Laie“
Das Wort „Laie“ bezeichnet heute nur selten noch – wie früher – einen Standesunterschied.

Fachkunde beinhaltet einerseits keinerlei Wertbegriff. Ein handwerklicher Spezialist verfügt nicht über Kenntnisse geringeren Wertes, sondern nur anderer Art als z. B. ein Historiker. Andererseits gebührt überragender Fachkunde auf jedem Gebiet ein besonderes Maß an Hochachtung.

Ein erheblicher Unterschied wird immer die Bastelei des Amateurs von der soliden Arbeit des gelernten Handwerkers trennen, der mit besten Werkzeugen und genau passenden Ersatzteilen meist in wesentlich kürzerer Zeit eine Arbeit höheren Wertes liefert als der „Laie".

Je länger, schwieriger und gründlicher die Ausbildung verläuft, je höher die Anforderungen der Abschlußprüfung gestellt werden, je umfassender die Erfahrungen praktischer Tätigkeit aus langer Zeit vorliegen, um so schwerer wiegt die Fachkunde und um so weniger gilt der erfolgreich Geprüfte auf seinem Gebiet als Laie.

Das höhere Ansehen des Fachmannes beruht also auf einem sachlichen und fachlichen, keinesfalls einem menschlichen oder charakterlichen Wert; denn keine Prüfung, nicht einmal eine Ordination oder eine Priesterweihe wandeln das innerste Wesen des Menschen. Der Laie also ist nicht ein Mensch minderen Wertes.

2. Der Begriff des „Helfens"

a) Der viel zu allgemeine Begriff des „Beistehens in Not"

Der Begriff des „Helfens" und des „Helfers" ist so allgemein und betrifft so vielfältige Nöte, daß sich kaum wissenschaftliche Vorarbeiten finden ließen. Der Berliner Nervenarzt Hans MARCH hat ein ausgezeichnetes Heftchen geschrieben „Vom Helfen"; es wird an anderer Stelle (S. 22f., 30ff.) referiert.

Sonst sind wohl „Helfer in Steuersachen" bekannt oder der juristische Begriff der „unterlassenen Hilfe" (bei Unglücksfällen und Gefahren), wenn ein Beistand für einen „hilflosen Menschen" nach § 330 dStGB erforderlich und zumutbar ist.

Einem jugendlichen Verurteilten muß, anderen kann ein Bewährungshelfer beigegeben werden, der die Lebensführung überwacht.

Das „Hilfswerk der Evangelischen Kirche in Deutschland", 1945 zur Betreuung der Flüchtlinge gegründet, widmet sich seit 1951 zahlreichen allgemeinen und sozialen Nöten – seit 1957 gemeinsam mit der Inneren Mission.

Durch die „Abteilung Nothilfe und Zwischenkirchliche Hilfe" entstand beim Ökumenischen Rat ein Austausch auf diakonischem Gebiet. Inhaltlich decken sich der biblische und der moderne Begriff „Diakonie" weithin mit dem des „Dienens" und einer „Nothilfe" besonders durch Laien.

Erstaunlicherweise kennen auch die größten theologischen Lexika (RGG, Lexikon f. Theol. u. Kirche) allenfalls den institutionalisierten, also auf die Kirche bezogenen Begriff der Diakonie, nicht aber den der Not, der Hilfe oder des Helfens. Nicht einmal die berühmte Encyclopaedia Britannica und weitere Nachschlagwerke bilden Ausnahmen. Ist Helfen etwa unwichtig?

Auch gibt es *Hilfsschulen* (Sonderschulen für geistig behinderte Kinder), und in der Kirchenlehre sind *Hilfsprediger, Hilfspriester* und *Hilfsbischöfe* bekannt.

Im Jugendwohlfahrtsrecht heißen die Beauftragten der „Jugendhilfe“ „Helfer“, und in der Pädagogik werden ältere, erfahrene Schüler von dem Lehrer als „Helfer“ bei Anfängern eingesetzt.

Nur wenige Ausdrücke, die mit „Hilfe“ beginnen, berühren unser Thema, z. B. der „Hilfszug“ der Eisenbahn zum Einsatz bei Katastrophen in Verbindung mit dem „Technischen Notdienst“. Die „Notruf-Einrichtungen“ von Polizei, Feuerwehr und Krankenwagen bis zu Verkehrswacht und Rettungshubschrauber setzen zwar z. T. ebenfalls „Laien-Helfer“ ein, doch tritt solche körperliche „Erste Hilfe“ im Rahmen der hier vorwiegend behandelten seelischen Nöte zurück (vgl. S. 61).

b) Die verschiedenen Arten der Nöte

Eine wichtige begriffliche wie praktische Unterscheidung geht schon auf das mittelalterliche Recht zurück. Es unterscheidet einerseits die „gemeine Not“ z. B. bei einem Dammbruch, bei Seuchen oder beim Herannahen von Feinden, die die gesamte Bevölkerung zu Hilfs- oder Wehrdiensten verpflichtet.

„Die echte Not“ im privaten Bereich andererseits gibt einen Grund „zur Wiedereinsetzung in den vorigen Stand“, sie berechtigt, über sonst gebundenes Vermögen zu verfügen, z. B. über Hab und Gut der Kinder. Krankheit, Hunger, Heerdienst, Kriegsgefangenschaft, aber auch Überschwemmung oder Feuersbrunst sind Beispiele für solche „echte Not“ des einzelnen.

Eng verwandt (trotz einiger Überschneidungen und Abweichungen) sind diese mittelalterlichen Begriffe mit den modernen der sozialen und der privaten Not. Nach den Massenmedien, besonders dem Fernsehen und einigen Druckerzeugnissen, scheinen die *sozialen Nöte*, also wirtschaftliche Härten, Wohnungsschwierigkeiten, berufliche und juristische Probleme, an erster Stelle der menschlichen Nöte zu stehen. Bei dem Bestreben, so unvoreingenommen und sachlich wie möglich die Gründe für das Leiden und die Nöte der Menschen prüfend abzuwägen, gelangte ich an verschiedenen Stellen der Welt zu recht unterschiedlichen Ergebnissen.

Eine Gruppe verbreiteter Nöte muß hier trotz ihrer erheblichen Bedeutung weithin ausgeschlossen bleiben, weil die Ansichten je nach der persönlichen Überzeugung zu stark voneinander abweichen und meist mehr mit Leidenschaft als mit Sachkunde verfochten werden: es sind die unmittelbar *politischen und politisch bedingten Nöte.*

Jeder macht stets die Gegner und deren Parteien verantwortlich. Wer das Schwinden aller Nöte erst nach einem Umsturz der bestehenden Ordnung erwartet und nur dafür sich mit negativer Kritik einsetzt, handelt grausam an den Leidenden, die nicht warten können. Auch habe ich Angst vor Verhaftung, Qualen durch Gefangenschaft und Zwangsarbeit, Konzentrationslager und gar Folter um so weiter dort verbreitet gefunden, wo die Freiheit der Meinung, der Äußerung, der Versammlung, des Aufenthaltsortes usw., kurz die Menschenrechte, am meisten eingeschränkt waren.

Sehen wir also von diesen politischen Nöten ab, so fand ich die meisten *Sozialnöte* – vorwiegend durch Hunger und das ursächlich damit verbundene (!) Analphabetentum – im Osten Indiens und Pakistans, im heutigen Bangla-Desh. Nur annähernd schätzen kann ich die sozialen Leiden in diesen Ländern auf ungefähr 90% aller Nöte. Während meiner Studien und Tätigkeit in der Telefonseelsorge in Hongkong lernte ich dort etwa die Hälfte aller Nöte als sozial bedingt einzuschätzen.

In vielen Ländern Afrikas sah ich zahllose Nöte durch *Krankheiten*, Seuchen und Unfälle. Die extrem geringe Arztdichte von jeweils einem Arzt auf 10000 bis 100000 Einwohner erweist sich mindestens so sehr als soziales wie als persönliches Problem.

Hier ist jedoch von den Verhältnissen in West-Berlin und in der Bundesrepublik zu sprechen; darum trägt der Blick über die Grenzen des Landes nicht zur Klärung der eigenen Lage bei.

Auch bei uns mögen durch wachsende Arbeitslosigkeit bald *soziale Nöte* ein ungleich schwereres Gewicht erlangen. Zunächst einmal lassen wir hier die bisher gültigen Tatsachen sprechen.

Amtliche Statistiken reichen nicht aus.

Bedürfnislose Hippies sahen wir: mit einem Bruchteil der Sozialunterstützung waren sie geldlich zufrieden; aber sie litten an den Folgen ihrer Drogenabhängigkeit. Wer dagegen an einen hohen Lebensstandard gewöhnt ist, mag verminderte Geldmittel schon dann als bedrückend empfinden, wenn der Betrag das Existenzminimum noch um ein Vielfaches übersteigt. Nicht so sehr also die statistisch erfaßbare absolute Höhe des Einkommens gibt Auskunft über die soziale Not, sondern die relative Gewohnheit, Lebensstil und persönliche Haltung lassen zufrieden oder unzufrieden werden.

Auch Krankheitszahlen berichten nicht über das subjektive Maß des Leidens. Krebskranke fühlen sich oft noch in einem fortgeschrittenen Stadium ohne Schmerzen und damit arm an Beschwerden, während der Neurose-Kranke ohne objektiven körperlichen Befund bis zur Selbstmordgefahr leidet.

So geben uns Statistiken Hinweise auf das Ausmaß des Leidens und die Bereiche, in denen Hilfe not tut; doch einen Maßstab liefern sie nicht.

Dennoch glauben wir, zuverlässige Anhaltspunkte für die Gebiete der Not und der not-wendigen Hilfe gewonnen zu haben:

Vor 20 Jahren hat der Lukas-Orden, eine Arbeitsgemeinschaft von Ärzten und Seelsorgern, erstmals auf dem europäischen Kontinent eine Telefonseelsorge ins Leben gerufen und öffentlich alle Menschen ermutigt, mit ihren Nöten anzurufen und sich auch in persönlichen Sprechstunden Rat zu holen. Darüber haben wir Buch geführt. Diese Unterlagen über die Ursachen der Nöte müssen wir recht vorsichtig auswerten.

Ein Vergleich mit den „Life-Line-Centers" der methodistischen Kirche in verschiedenen Städten Australiens mit ihren verwandten Zielen und einer ähnlichen sozialen Lage der Bevölkerung ergibt recht unterschiedliche Nöte: fast $^4/_5$ aller Anliegen der Anrufer und Besucher betreffen Nahrung, Kleidung und Geld. „Aber", so sagten mir die Gründer und Leiter dieser Einrichtungen, „es tut uns leid, daß wir mit dieser Wohlfahrtsarbeit angefangen haben. Wie schnell hat es sich herumgesprochen, daß bei uns kostenlos Konserven, Kleidung, Gebrauchsgegenstände und sogar Geld verteilt werden. Unmöglich können wir prüfen, ob der Bittende wahrhaft bedürftig oder nur ein arbeitsscheuer Bettler ist. Vermutlich arbeiten wir mit unserer Zeit und unseren Mitteln an der wahren Not vorbei."

Niemand darf aus den australischen Ziffern schließen, daß $^4/_5$ aller Nöte sozialer Art wären. Aber auch unsere eigenen Statistiken sind in dieser Hinsicht nicht verbindlich, wenn soziale Nöte mit weniger als einem Zwanzigstel der australischen Ziffern zu Buche schlagen; denn wie schnell hat sich auch von uns herumgesprochen: Dort ist nichts zu holen! So stehen in der persönlichen Sprechstunde (unter den ersten 17000 Ratsuchenden) weit weniger als 1% (genau 0,6%) soziale Anliegen im Vordergrund, wenn sie auch sekundär bei drei weiteren Prozent mit in die sonstigen Konflikte hineinwirken.

Etwa dreimal so hoch liegen diese Ziffern bei mehreren 100000 Anrufen in unserer Telefonseelsorge.

Hier wiederum sind soziale Fragen meist untrennbar verbunden mit *Ehe-Konflikten*, bei denen zumeist der verdienende Mann die Familie nicht ausreichend versorgt. Sehr häufig ist wirtschaftliche Not auch durch *übermäßigen Alkoholgenuß* (oder Rauschgift) bedingt, so daß gesundheitliche Fragen in Verbindung mit und als Grund für die sozialen Nöte zu lösen sind.

Die sprachlich weite und allgemeine Bedeutung der Begriffe „Helfen" und „Not" mit der unübersehbaren Vielfalt ihrer Bereiche bringt auch für dieses Büchlein die Schwierigkeit, daß es entweder zu allgemein und unanschaulich bleiben müßte oder sich zu eng auf einen Teilbereich der Nöte spezialisieren müßte. Deshalb wählen wir den Mittelweg einer Ausdrucksweise, die allgemein genug sich auf die verschiedensten Gebiete der Laienhilfe anwenden läßt und doch ganz konkret von einem – besonders vielseitigen – Gebiet als Beispiel ausgeht, von der Telefonseelsorge und der Ärztlichen Lebensmüdenbetreuung, die zudem zahlreiche Beziehungen zu anderen Bereichen aufweisen.

3. Die Berufe der Helfer

a) Die Haupt-Fachberufe: Arzt, Psychologe (einschließlich der Ehe- und Familienberater), Psychotherapeut, Pfarrer und Sozialarbeiter als „Team".

So vielfältig sind die Nöte der Menschen, daß *ein* Fachmann nicht alle Bereiche beherrschen kann, er muß mit anderen zusammenarbeiten, damit jedem Ratsuchenden die bestmögliche Hilfe zuteil wird.

Nachdem der Pfarrer Elwood Worcester etwa um 1890 bei dem berühmten Psychologen Wilhelm Wundt in Leipzig zum Doktor der Psychologie promoviert hatte, kehrte er in seine Heimat, zur Immanuel-Kirche in Boston, USA zurück. Dort begründete er zum ersten Mal in der Geschichte ein „Team-work", das ein großes Beratungszentrum für Verzweifelte und Kranke in einer Art praktischer Arbeitsgemeinschaft „Arzt und Seelsorger" betreute. Gemeinsam mit seinen Freunden, den berühmten Ärzten Dr. Richard C. Cabot und Dr. Isidor Coriat, sowie dem Pfarrer Dr. Samuel Mc. Comb schuf er eine Eheberatungsstelle und ein psychiatrisches Behandlungszentrum, in dem bald alle Zweige der damals modernsten Behandlungsarten durch Fachleute vertreten waren: vor allem die Hypnosebehandlung, die – um die Jahrhundertwende ganz junge – Psychoanalyse und Gruppenpsychotherapie. Alle Mitarbeiter waren zusätzlich in einer persönlichen und religiösen Gemeinschaft miteinander verbunden. In der Immanuel-Kirche fanden regelmäßig sonntags Gottesdienste für Kranke statt, die nach einer tröstenden Predigt unter persönlicher Handauflegung eine seelsorgerliche Fürbitte erlebten.

Hier können nicht die Einzelheiten mitgeteilt werden, wie schon das erste Buch von Dr. Worcester „Religion and Medicine" 1908 eine Millionenauflage erlebte, wie die Pionierleistungen der Immanuelbewegung weltweit bekannt wurden und wie sie weitere Beratungszentren in allen wichtigen Städten der USA gründete. Schließlich läßt sich hier auch nicht die Geschichte verfolgen, wie aus der Immanuelbewegung der Lukas-Orden wurde, dessen Ärztliche Lebensmüdenbetreuung in Berlin unverändert den gleichen Grundsätzen folgt wie die erste Idee der Team-Arbeit von Dr. Worcester.

Vielmehr geht es um eine grundsätzlich bedeutsame Erkenntnis: Der Pfarrer bleibt dabei dem Arzt gegenüber ebenso ein „Laie", wie der Arzt als theologischer „Laie" gilt. Einmal mehr also begründen diese Zeilen: Selbst die erfahrensten Fachleute sind Laien schon in wichtigen Nachbargebieten. Alle sind auf eine Arbeitsgemeinschaft angewiesen.

b) Hilfs- und Heilberufe

Zusätzlich zu den Hauptfachberufen trägt eine Vielzahl von Heil- und Hilfsberufen den gesundheitlichen, seelischen und sozialen Nöten Rechnung, wenn sich auch viel zuwenig Menschen für diese Berufe melden.

In einer ersten Gruppe von Helfern, die sich vorwiegend des ganzen Menschen nach Leib und Seele annehmen, begegnen wir unter anderem den *Krankenschwestern,* den *Krankenpflegern* und im häuslichen Bereich den *Gemeindeschwestern.* Soweit Sozialarbeiter noch in dem früheren Sinn als *Fürsorger* eingesetzt und verstanden werden, mögen sie ebenfalls dieser Gruppe angehören.

In diesen Berufen stehen die Helfer gleichsam an vorderster Front. Ihre ganze Zeit und Kraft gehört im praktischen Einsatz dem Pflegen und Betten, dem Lindern der Schmerzen, dem Anhören der Sorgen, dem stellvertretenden Wahrnehmen unaufschiebbarer Geschäfte (bis hin zum Ausfertigen eines Testamentes).

Ihnen zuerst pflegt auch der Hilfsbedürftige seine Sorgen anzuvertrauen – den Kummer um den Ehepartner und die Zweifel an seiner Treue, die Sorgen um die Kinder und Enkel und ihre Zukunft, um das Geschäft und seine Entwicklung usw.

Nicht einmal mit dem Tode endet diese praktische und ganzheitliche Fürsorge: oft sind die Vorbereitungen für das Begräbnis zu treffen, ein letzter Wille soll erfüllt werden, und der Haushalt ist aufzulösen.

Von einer zweiten Gruppe von Helfern, die sich vorwiegend der psychischen oder psychisch bedingten Schwierigkeiten annehmen, seien als Beispiele genannt: *Logopäden, Psychagogen, Heilpädagogen, Erzieher, Beschäftigungstherapeuten, Atemtherapeuten,* auch *Sprechstundenhilfen* u.a.

Wenn eine Logopädin mit einem Sprechbehinderten Artikulationen übt, so erfährt sie stets auch von den seelischen Hemmungen, den beruflichen und vor allem persönlichen Enttäuschungen, die zumeist mit den Sprechstörungen untrennbar zusammenhängen.

Besonders die Angehörigen aller Berufe, die sich der (in Deutschland 100000!) körperlich und seelisch behinderten Kinder annehmen, sollen eine

Vertrauensbeziehung aufbauen, in deren Bereich alle Schwierigkeiten im häuslichen, schulischen und privaten Leben zur Sprache kommen: der trunksüchtige Vater, der kriminelle Bruder, die begrenzten Berufsaussichten, verschlossene Lebensfreuden bis hin zu dem Liebeskummer und zu sexuellen Spannungen junger Menschen. Weit über den Rahmen enger Fachausbildung hinaus müssen also die Angehörigen solcher Berufe oft eine umfassende seelische Lebenshilfe leisten, der sie als Laien gegenüberstehen.

Zu einer dritten Gruppe gehören jene Helfer, die sich vorwiegend der körperlichen Behandlung widmen: *Heilmasseure und -masseusen, Krankengymnastinnen und -therapeutinnen* (auch Atemtherapeutinnen) und *Bademeister* von medizinischen Bädern gehören neben anderen Berufen dazu. Doch selten wird ein Patient von solchen Helfern im wahrsten Sinne des Wortes be-hand-elt, ohne daß er nicht von den Schmerzen und ihren Gründen, aber auch von seelischem Kummer zu berichten beginnt. Mag eine mehr aktive Betätigung des Patienten, z. B. bei gymnastischen Übungen, dazu weniger Zeit lassen, die vorwiegend passive Rolle, etwa bei einer Massage oder Bestrahlung, mit dem Erleben einer fürsorglichen Betreuung ermutigt ihn, auch von seinen seelischen Belastungen zu sprechen.

Der überdurchschnittlich erfahrene Leiter eines medizinischen Bades berichtet am 17. 2. 75:

„Seit Jahrzehnten ist es hier die Regel, daß fast jeder Patient unabhängig von seinem Beruf und seiner sozialen Stellung, Männer wie Frauen, seine persönlichsten, intimsten Anliegen, familiäre und berufliche Sorgen berichtet. Weit hinaus noch über Bettgeschichten und häusliche Dramen erfahre ich politische und wirtschaftliche Geheimnisse, die nie an die Öffentlichkeit dringen dürften. Dazu tragen die Entspannung im warmen Bad und vor allem die Entkleidung ausschlaggebend bei. Hier sind die Patienten ganz und nur Mensch."

In einer letzten Gruppe lassen sich jene Helfer zusammenfassen, denen es – mindestens auch – um *seelsorgerische Hilfe* im weiteren Sinne geht. Die Gemeindeschwestern, die fast stets in kirchlichem Dienst stehen, waren schon erwähnt; *Pfarrgehilfinnen* und „*Seelsorgehelfer*", *Katecheten* und vor allem *Mitarbeiter in der Telefonseelsorge* sowie *Diakone* und *Diakonissen*, *Ordensleute*, *Leiter christlicher Jugend-* und anderer *Gruppen* (z. B. CVJM-Sekretäre), *Leiter christlicher Heime* und Anstalten u. a. m. sehen sich häufiger als die Angehörigen anderer Berufe vor die Frage gestellt: Was ist der Sinn des Lebens? Gibt es noch einen Gott der Liebe? (Vgl. S. 78f., 90, 119, 125.) Nicht selten finden wir hinter diesen Fragen die gesamte vielschichtige Not eines Menschen verborgen. Wer unvoreingenommen auf Auswege aus Lebensschwierigkeiten sinnt, muß auf diese wichtigsten Anliegen eingehen.

Alle Berufe dieser vier Gruppen stehen auf einer Grenze: ihre Vertreter sind Laien – mindestens im Sinn des „Nicht-Studierten" –, andererseits sind sie durch eine sorgfältige, meist längere Ausbildung auf ihre Tätigkeit vorbereitet. Leider wird diese Ausbildung den vielfältigen, z. T. schon genannten tiefen Nöten nicht ausreichend gerecht.

Wem es aber um zwischenmenschliche Hilfe zu tun ist, der muß sich zunächst an die vielen bestehenden Berufe erinnern und – z. B. angesichts des Schwesternmangels – sich um Nachwuchs in den helfenden Berufen bemühen.

c) „Seitenberufe"

Viele Berufe bringen trotz anderer Hauptaufgaben ihre Träger mit leidenden Menschen oder mit Aufgaben der Menschenführung in Verbindung.

Das gilt besonders für verantwortungsbewußte Pädagogen, Personal- bzw. Betriebsleiter und für einige medizinische Rand- und Geschäftsberufe.

Lehrer aller Schularten, einschließlich der Berufs- und der Hochschulen, müssen weit über ihren fachlichen Bereich hinaus Ratschläge erteilen zur Arbeitstechnik, zu Konzentrationsstörungen, aber auch zu den Konflikten und Problemen, die dahinter stehen. In den Schulen gibt es noch immer nur Elternsprechstunden, obwohl Sprechstunden für Schüler und deren Sorgen mindestens so nötig wären.

Besonders die Probleme der Sexualität und der Liebesbeziehungen führten bisher über 1000 Jugendliche, meist Schüler, zu Sprechstunden in unsere Ärztliche Lebensmüdenbetreuung. Rund 400 waren selbstmordgefährdet. Der ernste Mangel an Jugendberatungszentren wurde uns bei diesen Behandlungen deutlich.

In Zukunft muß darum die pädagogische Ausbildung durch eine weitere in den Fragen der Konfliktpsychologie ergänzt werden.

In einer ähnlichen Lage finden sich die *Lehrherren* in den Betrieben, aber auch die *Personalreferenten,* nicht wenige *Betriebsräte* und *Betriebsleiter.* Je stärker die Arbeitsbeziehungen noch auf einer Vertrauensgrundlage beruhen und nicht durch Kampfmaßnahmen getrübt werden, um so häufiger werden die Zuständigen oder Verantwortlichen am Arbeitsplatz auch in den persönlichen Sorgen um Rat gefragt.

Nur selten können die wenigen Betriebspsychologen oder -ärzte den Anforderungen einer „Lebenshilfe" gewachsen sein.

Schließlich treffen einige Berufe von Kaufleuten und Angestellten häufiger als andere auf Notleidende. Eine menschlich aufgeschlossene Haltung löst den „Kunden" die Zunge.

Manche *Apotheker* achten auf die Käufer von Schlafmitteln. Gelegentlich werden sie direkt gefragt: „Kann man sich damit umbringen? Reicht das?" Nicht wenige Apotheker überweisen uns solche Lebensmüden. Auch wer sich wiederholt Schmerzmittel besorgt, vertraut gern bei dieser Gelegenheit seinem Apotheker auch andere Sorgen an.

Optiker verfolgen gelegentlich über Jahre mit den immer schärferen Brillengläsern die wachsenden Schwierigkeiten der Sehschwachen oder schließlich Erblindeten und versuchen, sich ihrer verständnisvoll anzunehmen.

Schließlich erfahren auch *Inhaber von medizinischen Fachgeschäften* und *Angestellte von Krankenkassen* mit „Publikumsverkehr" von den Sorgen der Versicherten weit über das Maß hinaus, das zu einem sachlichen Gespräch gehört.

Diesen Berufen ließen sich ähnliche hinzufügen. Doch nicht die Tätigkeit allein läßt einen Menschen zum Helfer werden, sondern vielmehr seine charakterliche Haltung, die das Vertrauen seiner Umwelt weckt und ihn damit in die Rolle des Helfers hineindrängt (vgl. S. 21).

d) Sonderberufe

Im Sommer 1974 konnten erstaunte Fernsehzuschauer in einem kirchlichen Fernsehfilm aus München in Bild und Ton erfahren, der „moderne Mensch" lade seine Sorgen in den Bars und bei den *Bardamen* ab; sie seien die eigentlichen Seelsorger unserer Zeit. Bisher war dies nur klagend über die Psychotherapeuten behauptet worden. Sowenig wir der Schlußfolgerung zustimmen, Bardamen etwa als Hilfsseelsorger anzuerkennen, so wenig ist zu leugnen: Bei den Angehörigen einiger Sonderberufe, keineswegs nur bei nächtlich tätigen Damen, laden viele Menschen überdurchschnittlich häufig ihren Kummer ab.

Die *Polizeibeamten*, sprichwörtlich „Freunde und Helfer", erfahren von zahlreichen Familientragödien, tödlichen und anderen Unfällen, von Verbrechen usw. Gelegentlich sollen sie sogar – ganz ähnlich wie *Feuerwehrleute* – einen Selbstmord verhindern. Und doch sind sie in aller Regel für solche seelischen Notsituationen keineswegs ausreichend vorgebildet.

Die Angehörigen auch von nicht „helfenden" Berufen finden sich ungewollt oft in der gleichen Lage: *Steuerberater* und gelegentlich auch prüfende *Finanzbeamte*, scheinbar ganz auf die sachliche Arbeit mit Ziffern und Tatsachen eingestellt, bekommen Berichte ernster Not zu hören, die weit über die wirtschaftlichen Schwierigkeiten hinausreicht.

Doch schon die bloße Gemeinsamkeit, die nicht durch andere geistige Tätigkeit ausgefüllt ist, führt häufig zu Gesprächen über persönliche Probleme. *Taxifahrer, Reisebegleiter* und *Friseure* z.B. wissen von solchen Situationen zu berichten.

Vor dem Zweiten Weltkrieg reiste ich oft als „Anhalter" durch Deutschland. Fast in jedem Wagen ergab sich die Eingangsfrage: „Was tun Sie denn beruflich?" „Ich studiere Theologie und Psychologie." Meist folgten Gespräche über ernste Lebensfragen, die oft bis in die Nacht bei einer Einladung fortgesetzt wurden.

Bis zum heutigen Tag gibt es kaum eine Begegnung mit fremden Menschen, ohne daß ich nicht alsbald wegen persönlicher Sorgen um Rat gefragt werde.

Achtmal wollte ich eine studentische „Heinzelmännchen"-Sekretärin zum Schreiben von Antwortbriefen an Ratsuchende beschäftigen, jedesmal mit dem Ergebnis, daß ich eine Verzweifelte mehr zu betreuen hatte; so mußte ich diese Versuche einstellen.

Selbst im Ausland ergeben sich ähnliche Situationen: Nach einem Großeinbruch in einem Hotel in Fez in Marokko war ich zufällig der erste von 50 Hotelgästen, der seine Diebstahlsverluste anzugeben hatte. Die untersuchende Polizeibeamtin entnahm dem Paß meinen Beruf und ließ alle anderen Hotelgäste warten, um mich $1^1/_2$ Stunden zu befragen: „Was kann ich nur tun, um ein Kind zu bekommen; seit drei Jahren bin ich verheiratet; alle verachten mich, weil ich nicht Mutter werde."

e) „Berufene Menschen"

Einige Menschentypen wählen sich häufiger als andere helfende Berufe, oder sie üben – auch in anderen Tätigkeiten – eine Art Anziehungskraft aus auf „Menschen in Not" (G. R. Heyer).

Nicht wenige Merkmale ergeben dann einen bestimmten Typ, obwohl manche Kennzeichen sich unter den „Helfertypen" häufiger finden: „Extravertierte", der Umwelt zugewandte Menschen im Sinne von Klages und C. G. Jung, sind ungleich häufiger vertreten als „Introvertierte", die, auf sich selbst bezogen, sich nach innen wenden. Die verwandten „Zyklothymen" im Sinn von Kretschmer lieben die Geselligkeit und den Kontakt mit anderen.

In gutem Sinne mütterliche Menschen folgen einem Urbedürfnis, anderen helfend beizustehen, auch und gerade, wenn sie nicht oder nicht mehr für eigene Kinder zu sorgen haben.

Vor allem aber befähigt die Charakterhaltung, die durch ernste innere Übung und Arbeit gewonnen wird, nicht in erster Linie für das eigene Wohlergehen zu sorgen, von sich selbst zu sprechen und nach eigenen Vorteilen zu trachten, sondern mit Worten und Taten für andere einzustehen und, im Sinne von F. KÜNKEL, die „Wirhaftigkeit" an die Stelle der „Ichhaftigkeit" zu setzen.

Wenn wir auch solche selbstlosen Charaktere ganz vorwiegend unter den wenigen echt frommen Persönlichkeiten fanden, so sind doch Glaubensinnerlichkeit einerseits und Charakterhaltung andererseits keinesfalls gleichzusetzen (vgl. S. 38, 41ff., 131).

In einem Kleinstadtmilieu, das persönliche Vertrauensbeziehungen erleichtert, kenne ich die Frau eines Tankstelleninhabers, bei der die Kunden gern und oft „ihr Herz ausschütten".

Insgesamt also fragen wir bei der Persönlichkeit des Helfers nicht nur nach seinem äußeren Beruf und seiner inneren Berufung, sondern auch nach seinem Menschentyp und nach seiner Charakterhaltung.

B) FEHLHALTUNGEN VON HELFERN, DIE IN DER PERSÖNLICHKEIT BEGRÜNDET SIND

1. Konstitutions- und anlagebedingte (Fehl-)Haltungen

a) Hypomanische Betriebsamkeit
(oft mit „naturhaftem Getriebenwerden")

Manche Gaben und Voraussetzungen zum Helfen sind einem Menschen von Natur aus mitgegeben; sie können sich fördernd oder auch gefährdend für eine Laientätigkeit auswirken. In jedem Fall sollten solche Anlagen erkannt werden.

Der verstorbene Nervenarzt und Psychoanalytiker Hans MARCH hat in seinem (vergriffenen)* Büchlein „Vom Helfen" eine solche „hypomanische" Anlage zum Helfen so treffend beschrieben, daß seine eigenen Worte hier sprechen sollen:

„Unter den mannigfachen Hilfskräften sozialer Liebestätigkeit findet man sehr häufig einen Helfertyp, der zu dieser Art der Betätigung schon durch seine naturhafte Temperamentsveranlagung gewissermaßen geschaffen zu sein scheint: Optimisten des Lebens, immer heiter, umgänglich und gutmütig, durch keine Enttäuschungen und Püffe des Lebens aus dem Gleichgewicht zu bringen, für jede Not und Schwierigkeit gleich einen Scherz oder eine aufmunternde Antwort, sind sie überall gern gesehen. In der tätigen Mitarbeit stehen sie meist in vorderster Reihe, unermüdlich zu allen Diensten

* Da das Büchlein nicht mehr zu beschaffen war (Furche-Verlag etwa 1940), erfolgt das Zitat nach dem Original-Manuskript von Dr. MARCH (aus den Seiten 30ff. und 50f.), das uns seine Witwe dankenswerterweise dafür zur Verfügung gestellt hat.

und Gängen am Tage und in der Nacht bereit, stets voll von neuen Einfällen und Anregungen, die Arbeit lebendig und beweglich zu halten und immer von neuem anzukurbeln, können sie sozusagen Motor eines ganzen Kreises, einer ganzen Bewegung sein.

Fehlt ihnen auch vielfach Tiefgang und Stetigkeit, so bilden doch Menschen dieser Art oft unersetzliche Glieder einer Arbeit.

Unbefangen von außen urteilend, steht man in Versuchung zu meinen, diese Menschen verzehrten sich „aus Idealismus" in der Arbeit, in der Hingabe an die Sache. Sie werden darob verehrt und als Vorbilder bewundert. Wendet man eine psychiatrische Betrachtungsweise an, so braucht sich hier nur ein hypomanisches Temperament aus dem manisch-depressiven Formenkreis auszuwirken. Von daher sind all die positiven Wesenszüge in erster Linie erst einmal Äußerung einer so gestalteten Naturveranlagung. Und das Aufgehen im Dienst am Nächsten erfolgt aus vitaler Betriebsamkeit, einem Getriebenwerden durch einen naturhaften Tätigkeitsdrang. Besondere äußere Lebenseinflüsse, Vorbilder, zufällige Freundschaften und Gelegenheiten fingen diese Veranlagung frühzeitig auf und leiteten sie in die glückliche Form eines solchen Helfens. Unter anderen Schicksalsbedingungen hätte die gleiche Anlage ebensogut in eine leichtsinnige oder sonstwie negative Lebensbahn hineinführen können."

„Ebensogut kann diese Heiterkeit einer aus besonderen seelischen Entwicklungsgegebenheiten begründeten Weltfremdheit, Sorglosigkeit, kindlichen Unbekümmertheit und Oberflächlichkeit entspringen, einer Schutzhaltung vor dem Getroffen- und Gefordertwerden durch gefürchtete Lebenswirklichkeiten: ‚Lasset uns essen und trinken, denn morgen sind wir tot.' Oft ist es von dieser heiteren Lebensleichtigkeit nur ein Schritt zum ‚Leichtsinn'."

Eine gute Anlage zur Hilfsbereitschaft mag die Grundlage für charakterliche Werte bilden, kann sie aber nicht ersetzen. Der trügerische Schein des konstitutionell mitteilsamen, aufgeschlossenen Wesens ist nicht mit der aufopfernden Hingabe des Helfens gleichzusetzen.

b) Ausgleich für körperlich bedingte Minderwertigkeitsgefühle (oft mit überstarkem Geltungsstreben)

Jeder Mensch will von anderen geachtet und anerkannt sein. Wer unter körperlichen Gebrechen oder deutlichen Schwächen leidet, ist meist schon in der Kindheit dem deutlichen Spott und der geheimen Verachtung von Spiel- und Schulkameraden ausgesetzt.

Der große Wiener Psychiater Alfred Adler (1870–1937) hat uns verstehen gelehrt, wie tiefgreifend alle „Organminderwertigkeiten" das Leben beeinträchtigen. Sie wecken als Reaktion ein Geltungsstreben, das sich im günstigen Fall als gesunder Ehrgeiz auswirkt mit dem Bemühen, auf anderen, meist geistigen Gebieten Hervorragendes zu leisten. Vielfach aber suchen auch die leicht Behinderten nicht die sachliche Leistung, sondern die eigene Person in den Vordergrund zu stellen.

Ernst KRETSCHMER, der berühmte deutsche Psychiater (1889–1964), hat in seinem Werk „Körperbau und Charakter" sogenannte Dysplastiker beschrieben, die ähnlich wie Wilfried ZELLERS (1891–1960) „degenerativ Stigmatisierte" erb- und anlagebedingte Mißbildungen oder Auffälligkeiten zeigen, die zu einer vergleichbaren Charakterentwicklung führen. Menschen mit Klumpfuß, Hasenscharte, abstehenden Ohren, einer mißgestalteten Nase usw. drängen sich manchmal zu einer Tätigkeit als Laienhelfer, um sich endlich anerkannt und bestätigt zu sehen.

Eine etwas verwachsene und äußerst kleinwüchsige (154 cm) Altenpflegerin mit einer dicken Brille meldete sich, um zusätzlich Kranke zu besuchen; doch sie hatte sich schon zuvor damit gebrüstet, sie würde jetzt bald zu einem anerkannten Arbeitskreis gehören. Sie war ungeeignet.

Wohlgemerkt, nicht eine Behinderung erschwert das Helfen – eher im Gegenteil –, sondern die unsachliche Einstellung dazu.

Als positives Gegenbeispiel sei eine halb gelähmte, an den Rollstuhl gefesselte Lehrerin an einem Rehabilitationszentrum erwähnt, die offenkundig ihre Schüler besonders gut versteht und betreut.

c) Gemeinschaft mit Leidensgenossen (Blinde, Behinderte) (oft mit der Hoffnung, bei Hilfsmaßnahmen selbst zu gewinnen)

Viele Benachteiligte oder Kranke schließen sich berechtigterweise zu Interessenverbänden zusammen und erstreben soziale Vergünstigungen. Kriegsopfer, Hirnversehrte, Blinde, Multiple-Sklerose-Kranke und andere Gruppen wollen soziale Gerechtigkeit für ihre Mitglieder durchsetzen. Aus allzu verständlichen, doch nicht immer selbstlosen Motiven wirken dabei die Betroffenen als Helfer in solchen Verbänden mit.

In einem Krankenhilfe-Verband setzte sich eine 34jährige Telefonistin ehrenamtlich und rührig für Schwerbeschädigten-Ausweise mit all ihren Vergünstigungen für die Angehörigen ihrer Gruppe ein – bis zu dem Tag, an dem sie selbst einen solchen Ausweis erhalten hatte.

Nicht jeder reift durch eigenes Leid zur verständnisvollen, uneigennützigen Hilfsbereitschaft.

Ein strafgefangener Arzt gründete durch Freunde mit überdurchschnittlichem Aufwand an Propaganda und Kapital eine Gesellschaft, die Gefangene durch psychotherapeutische Behandlung rehabilitieren sollte. Er hoffte, dadurch selbst wieder eine Existenz zu finden. Trotz vieler Presseberichte und Aufrufe freilich wurde nie ein einziger Gefangener behandelt.

2. Charakterliche Fehlhaltungen

a) Geltungsstreben
(oft mit übersteigertem Ehrgeiz)

Soziale Aufgaben als Vorwand für selbstsüchtige Strebungen kommen nicht nur bei Firmen vor, die ihre ohnehin steuerabzugsfähigen Spenden mit der Folge verbunden wissen, daß ihr Name werbend genannt wird.

Fernsehreporter drehen mit scheinbarem sozialen Engagement Filme über ehrenamtliche Hilfsorganisationen, stellen dabei aber offenkundig ihre eigene Person in den Vordergrund.

Ein bekannter Professor der Medizin schrieb das Drehbuch für einen Film, der unserer Ärztlichen Lebensmüdenbetreuung Geldmittel verschaffen sollte. Er wollte selbst die Hauptrolle spielen. Doch setzte der Tod seinen Plänen ein Ende.

Manche Helfer erliegen erst später der Versuchung, Geld oder Geltung höher zu werten als die stille, treue Arbeit des Helfens. Die Hoffnung, bekannt und anerkannt zu werden, hat manchen zunächst bewährten Helfer zu charakterlich bedenklichem Verhalten geführt.

Selbst Juristen und Theologen haben sich schon zusammengefunden, um Leiter von sozialen Arbeiten zu verleumden in der Hoffnung, selbst an deren Stelle zu treten.

b) Herrschsucht
(oft mit unbefriedigtem „Gluckenstreben")

Helfen und Dienen widersprechen dem Machtstreben und der Herrschsucht. Diese charakterliche Fehlhaltung hindert jedes Zusammenarbeiten; sie stört bei Frauen noch mehr als bei Männern.

Die pietistisch frömmelnde Ehefrau eines Diplom-Psychologen und Erziehungsberaters fing ratsuchende Eltern ab, um ihnen zu erklären: „Was mein Mann Ihnen gesagt hat, ist falsch. Sie müssen nur mit ihren Kindern beten und sie zu Jesus führen, dann wird alles gut."

Nach ihrer Scheidung versuchte sie, ihre „einzig richtigen" Ansichten in einem kirchlichen Gemeindedienst durchzusetzen, doch scheiterte sie auch dort.

Auch eine überfürsorgliche Bemutterung versucht oft, Hilfsbedürftige in eine Abhängigkeit zu zwingen, statt sie zur Selbständigkeit zu führen.

c) Hysterische Darstellungsfreude
(oft mit theatralischer Wichtigtuerei)

Schon Kinder üben Rollenspielen als Räuber, Gendarm oder Prinzessin. Berühmte Schauspieler und Schauspielerinnen sind Leitbilder der Jugendlichen. Bei Erwachsenen aber, die helfen wollen, birgt die übersteigerte Darstellungsfreude Gefahren einer hysterischen Fehlhaltung, bei der die Echtheit innersten Mitempfindens zurücktritt hinter die Rolle des mächtigen Beschützers, des treuen Begleiters, des weisen Ratgebers. Von den häufig mitschwingenden erotischen Wünschen wird noch zu sprechen sein.

Die Ichhaftigkeit der typischen Hysterikerin offenbart sich dabei, wie BUSEMANN bewiesen hat, bis in die vielen Ich-Aussagen des Stiles hinein:

„Ich will ihnen einmal zeigen, wie ich das immer gemacht habe, wenn mein Mann fortgehen wollte. Ich habe dann immer einen so schlimmen Migräneanfall bekommen – oder ich habe mich übergeben –, daß er dann schon vor Angst und mir zuliebe zu Hause geblieben ist."

Hysteriker(innen) sind als Helfer nicht geeignet.

Die konstitutionellen wie die charakterlichen Fehlhaltungen sind meist recht tief in der Persönlichkeit verwurzelt, so daß eine Wandlung nur nach langwierigen und umfassenden heilenden Eingriffen in das innerste Wesen zu erhoffen sind.

3. Fehlhaltungen aus äußerlich ichhaften Gründen*

a) Helfen aus Eigensucht, um geschäftliche Kontakte anzuknüpfen (oft mit dem Streben, einen zahlenden Patientenkreis zu gewinnen)

Eine unvermeidliche Schwierigkeit bringt die Frage mit sich, ob Helfer bezahlt werden sollen oder nicht. Einerseits braucht jeder Mensch eine materielle Lebensgrundlage, und „jede Arbeit ist ihres Lohnes wert". Andererseits geschieht wahres Helfen selbstlos, und eine Bezahlung weckt die Gefahr des Gewinnstrebens. Das gilt auch für versteckte Formen (vgl. S. 28).

---

* Die Zwischenüberschriften innerhalb dieses Abschnittes sind z. T. ähnlich formuliert, wie H. R. LÜCKERT es in einer Übersicht „Hilfsbereitschaft" in seinem Buch: „Die Problematik der Persönlichkeitsdiagnostik", Reinhardt Verlag, München – Basel 1965 (S. 14), vorgeschlagen hat.

In einer Telefonseelsorge bewarb sich ein Heilpraktiker um Mitarbeit. Der Vorsitzende äußerte den Verdacht: „Dieser Mann will nur die Verbindungen der Telefonseelsorge benutzen, um sich Patienten für seine Praxis zu verschaffen." Der Vorsitzende wurde überstimmt, doch sein Argwohn war berechtigt, und der neue Helfer mußte bald wieder ausscheiden.

b) Helfen aus „Berechnung, um andere zu verpflichten"
(oft mit der Hoffnung, billige Arbeitskräfte zu finden)

Warum sollte nicht Hilfsbereitschaft auf Gegenseitigkeit beruhen? Wenn „einer des anderen Last trägt", dann wächst eine menschliche Gemeinschaft zusammen. Wer aber berechnend andere ausnutzt, verliert das Vertrauen und weckt Bitterkeit und Enttäuschung.

Ein amerikanischer Psychologie-Professor bietet seinen Rat in Familien-, Ehe- und Liebesschwierigkeiten ganz vorwiegend jenen Frauen an, auf deren kostenlose Schreibarbeit und wissenschaftliche Mithilfe er bei seinen Büchern zählen kann.

Ein Ehepaar stellte sich zur Verfügung, drogengefährdete Jugendliche im eigenen Haushalt aufzunehmen und zu betreuen. Aber sie nahmen nur junge Mädchen, die ihnen dafür kostenlos den Haushalt führten.

In beiden Beispielen übersteigt die Gegenleistung die Hilfe zu weit.

Hilfe darf nie aus Berechnung geschehen.

c) Helfen aus Egoismus, um persönliche Vorteile zu erlangen
(oft als Tauschmittel gegen „Mangelware")

Nicht Mißtrauen gegen Hilfsbereite säen ist die Aufgabe dieser Zeilen, sondern zu nüchterner Vorsicht zu mahnen.

Ein Soziologie-Student bemühte sich rührend um alte Menschen, denen er vorwiegend bei der Übersiedlung ins Altersheim half – bis er seine eigene Wohnung aus den nicht mehr benötigten Gegenständen gut eingerichtet hatte und zusätzlich beim Antiquitätenhändler noch günstige Verkäufe abgewickelt hatte.

4. Psychologische Fehlhaltungen der Selbstsucht

a) Viele Hilfswillige hoffen, Hilfe und Klarheit für eigene Probleme zu finden
(oft verbunden mit dem Wunsch, auch Angehörige profitieren zu lassen)

Nach einer vielfach bestätigten Erfahrung drängen sich zu manchen helfenden Berufen junge Menschen, die ihre eigenen Konflikte nicht bewältigen konnten. Das gilt häufig von Psychologen, und auch ehrenamtliche Helfer erhoffen sich ausführliche Beratungen und aufwendige Behandlungen, wenn sie sich zur Mitarbeit melden.

Eine Mutter erbat sich bei uns für ihren alkohol-abhängigen Sohn eine psychoanalytische und hypnotische Behandlung mit einem so erheblichen Zeitaufwand, daß wir ihre Bitte zurückweisen mußten. Wochen später meldete sie sich zur ehrenamtlichen Mitarbeit, zu der sie als Medizinerin besonders geeignet war. Zwei Wochen nach der entsprechenden Einweisung wiederholte sie die Bitte für ihren Sohn: „Jetzt können Sie mir das ja nicht mehr abschlagen!" Doch sie hatte sich geirrt.

b) Viele Hilfswillige hoffen, eine billige oder kostenlose Ausbildung zu finden
(oft verbunden mit dem Streben, die eigene Einsamkeit besser zu überwinden)

Wenn es sich herumgesprochen hat, daß Helfer eine sorgfältige und kostenlose Ausbildung erhalten z.T. in Kursen, für die sonst Gebühren zu entrichten sind, dann melden sich auch Schnorrer, die nur an den Seminaren, nicht aber am Helfen interessiert sind.

c) Manche Hilfswillige hoffen, doch eine Bezahlung oder sonstige Entschädigung zu erhalten
(oft verbunden mit dem Streben, ein berufliches Sprungbrett zu finden)

Das grundsätzliche Recht, auch für eine soziale Tätigkeit Bezahlung zu fordern, findet seine Grenze, wenn ausdrücklich eine ehrenamtliche Tätigkeit vereinbart wurde.

„Mein Leben ist sonst einsam und leer", so begründete eine 42jährige geschiedene Frau ihre Bitte, als Bürokraft in einer karitativen Organisation ohne Bezahlung mitarbeiten zu dürfen. Nach zwanzig Monaten klagte sie vor dem Arbeitsgericht auf nachträgliche, tarifgemäße Bezahlung. Sie wurde abgewiesen.

Ein 40jähriger amerikanischer Pfarrer, der fließend Deutsch sprach, wollte ein Jahr kostenlos in einer Telefonseelsorge Erfahrungen sammeln, um dann in den USA ähnliche Einrichtungen zu gründen. Während des ersten Monats stellte er dann doch wiederholt Ansprüche auf ein Gehalt von etwa 1500 DM monatlich. Dieses Ansinnen konnte nicht erfüllt werden. Eine andere Telefonseelsorge aber tat es und zahlte gleich für die ersten drei Monate im voraus. Am folgenden Tag war der „Pfarrer" mit unbekanntem Ziel abgereist.

5. Menschliche Fehlhaltungen der Neugier

a) Manche Helfer erwarten, interessante Menschenschicksale kennenzulernen
(oft sogar, sogenannte „wahre Geschichten" mitzuerleben)

Viele soziale Tätigkeiten wirken entmutigend, mühsam oder eintönig. Alkohol- oder Drogenabhängige werden rückfällig, alte und pflegebedürftige Kranke zeigen sich griesgrämig, notwendige Routinearbeit stumpft ab. Abwechslungsreich oder gar sensationell wirkt dagegen auf manchen eine Telefonseelsorge mit der Vielfalt der Anliegen und den „spannenden" Ereignissen, wenn es einmal um Leben und Tod geht.

„Bei Ihnen könnte ich doch wenigstens etwas erleben", so begründete ein junges Mädchen ihre Bitte um Mitarbeit; sie hatte etwas zuviel Kriminal- und Liebesromane gelesen und war nicht für solche Tätigkeit geeignet.

b) Manche Hilfswillige erwarten, eine aufschlußreiche oder „gehobene" Tätigkeit zu finden
(oft als Ausgleich für einen fehlenden, untergeordneten oder langweiligen Beruf)

Eine Sozialarbeit wird üblicherweise oder mindestens im idealen Fall durch eine Gemeinschaft von Helfern getragen, die in einem gleichberechtigten Team freundschaftlich zusammenarbeiten. Wer in seinem Beruf in abhängiger Stellung und disharmonischem Betriebsklima arbeitet, sucht gelegentlich mehr die geachtete und angenehme Tätigkeit als das Helfen. Zwischen beidem besteht kein Widerspruch, doch muß das Hauptziel des Helfens gewährleistet bleiben.

c) Manche Hilfswillige erwarten, außergewöhnliche sexuelle Berichte zu erfahren
(oft aus Neugier, an dem „eigentlichen Leben" teilzunehmen)

Nur wenige Arten sozialer Betreuung haben mit der Beratung in sexuellen Konflikten zu tun. Dabei müßte sich jede unsachliche Einstellung der Neugier des Helfers verhängnisvoll auswirken.

Gelegentlich werden erst später solche Fehleinstellungen offenbar, und keine Altersstufe ist davon ausgeschlossen.

Aus anderen Bereichen erfuhren wir von Helfern, die nicht nur unpassende Fragen, sondern im Rahmen ihrer Tätigkeit sogar sexuelle Anträge stellten.

Fördernde Begleitung und Aufsicht erweist sich auch bei Laienhelfern als notwendiger – wenn auch nicht zuverlässiger – Schutz vor solchen Mißgriffen.

Fast noch wichtiger als die bisher aufgeführten Beispiele bewußter Fehlhaltungen, die in der Regel zum Helfen ungeeignet machen, wirken sich die „unbewußten" Motivationen aus, die der Hilfswillige nicht sehen und schwer einsehen kann, die ein verantwortlicher Leiter jedoch rechtzeitig erkennen sollte.

C) Tiefenpsychologisch bedingte Fehlformen des Helfenwollens

1. „Unbewußte", unechte Motivationen (z. T. nach H. March)

a) *Manche Hilfswillige leiden unter einem ungestillten Liebesbedürfnis seit ihrer Kindheit, ohne daß sie es wissen*
(oft versuchen sie, den Trost weiterzugeben, den sie selbst entbehrt haben, statt dessen, den der Ratsuchende braucht)

Viele Menschen werden von den Kindheitseindrücken verfolgt, die sie nicht bewältigt haben. Wie gut, wenn sie die Fehler vermeiden oder wiedergutmachen wollen, unter denen sie zu leiden hatten. Nur ist eine Helfertätigkeit ungeeignet dazu, irgendeinen anderen Maßstab für das Raten und Handeln zu bieten als die Bedürfnisse des Fragenden.

Eine 52jährige Seelsorgehelferin war als Waisenkind aufgewachsen. Sie überschüttete ihre „Sorgenkinder" mit menschlicher, überfürsorglicher Zuwendung, auch wenn die Ratsuchenden ganz andere sachliche Anliegen vorbrachten: Krankheit, Alkohol, Familienstreit u. a.

b) *Manche Hilfswillige suchen vorwiegend ihre verdrängten Aggressionsstrebungen überzukompensieren*
(oft mit der Angst, eine verweigerte Bitte um Hilfe könnte die eigene, in Wahrheit feindselige Gesinnung offenbaren)

Eine innere Zensur, das lehrte Sigmund Freud, verbietet uns, Haßgefühle – besonders Angehörigen gegenüber – offen zu zeigen. Auch verlangen die Schuldgefühle, die solchem Haß meist folgen, einen Ausgleich, der sich in krampfhafter Hilfswilligkeit niederschlagen kann. Hier ist nicht zu untersuchen, wieweit ein politisches Überbetonen sozialer Mißstände und Hilfen – verbunden mit vernichtender Kritik an den vermeintlich böswillig Verantwortlichen –

gerade die eigenen Schuldgefühle verdecken soll, die sich aus dem Hassen ergeben. Vielmehr ist jede echte Hilfsbereitschaft zu fördern.

c) *Manche Hilfswillige suchen im Kampf gegen „Unsittlichkeit" eigene verdrängte sexuelle Wünsche zu befriedigen*
(oft mit der kümmerlichen Ersatzbefriedigung, wenigstens beim Bekämpfen eine erlaubte Beschäftigung mit der Sexualität zu finden)

Einige „Missionsbestrebungen" haben sich mit bestem Willen und entrüstetem Abscheu Aufgaben im „Kampf gegen die Unsittlichkeit" gestellt, sei es in der Erziehungs- und Jugendarbeit, sei es bei dem Schutz gefährdeter oder bei der Bewahrung „gefallener" Mädchen oder schließlich bei der Bekämpfung der Prostitution. Wenn sich auch viele Bestrebungen in den letzten Jahren gewandelt haben und wenn auch der opferwillige Einsatz vieler Helfer anzuerkennen ist, so müssen doch jedem tiefenpsychologisch Kundigen die Zusammenhänge auffallen: verdrängte Wünsche sollen hier wenigstens im Ringen um eine vermeintliche sittliche Reinheit befriedigt werden.

In unseren Krankengeschichten finden sich über 50 Beispiele von solchen eifrigen Sittlichkeitsverfechtern, die bei einem späteren Zusammenbruch ihre Fehlhaltung erkannten und sich danach meist in anerkennenswerter Weise um eine echte Grundlage für ihren Helferwillen bemühten.

2. Unechte (manchmal aber auch gesunde) Ausgleichsstrebungen

a) *Manche Hilfswillige wollen Schuldgefühle beschwichtigen*
(oft unter dem übermäßigen Druck eines schlechten Gewissens, seltener als Folge einer inneren Wandlung)

Schuldgefühle können einen Menschen unerträglich belasten, sowohl, wenn sie an ein bewußtes Fehlverhalten erinnern, als auch, nachdem alle Gedanken an ein begangenes Unrecht ausgelöscht wurden.

„Wie kann ich das nur wiedergutmachen?" so fragen die einen und denken an eine Spende oder auch an eine Mitarbeit gleichsam als „Sühne", andere erkennen erst nach längerer Zeit und manchmal aus ihren Träumen die wahren Zusammenhänge.

Der Wunsch, durch helfendes Handeln eine Schuld auszugleichen, kann eine äußerst erfreuliche Charakterhaltung sein, die jedoch ein inneres Verarbeiten der Schuld und eine Vergebung nicht ersetzen, sondern nur ergänzen kann.

b) Manche Hilfswillige suchen familiäre Enttäuschungen zu überwinden
(oft, um sich mit der eigenen Einsamkeit und/oder Kinderlosigkeit besser abzufinden, seltener als wahre Zuwendung zu einem Leidenden)

Ständiger Ehestreit – mit oder ohne eine folgende Scheidung – treibt nicht selten einen Partner aus dem Haus, und manche Frau (bisher noch kein Mann) hat dann für die fehlende häusliche Harmonie Ersatz in einer Helfertätigkeit gesucht. Das ist grundsätzlich begrüßenswert, wenn nicht die Gemeinschaft der Helfenden als „Klagemauer“ benutzt wird oder gar die Ratsuchenden in einer Umkehr der Rollen von den Schwierigkeiten der Helferin zu hören bekommen.

Eine 24jährige Studentin hatte sich – aufgrund unserer Beratung – endlich von den krakenartig sie umklammernden Armen ihrer „Gluckensucht-Mutter“ gelöst und eine räumliche Trennung herbeigeführt. Nunmehr meldete sich die Mutter bei uns zur Mitarbeit, um auf diese Weise wieder in Verbindung mit ihrer Tochter zu kommen.

c) Manche Hilfswillige hoffen, berufliche Enttäuschungen besser zu überwinden
(oft auch als bewußte Fluchtreaktion)

Der Arztberuf übt seit jeher eine geheimnisvolle Faszination aus; viele erstreben ihn, ohne die Hürden der langen Ausbildung – heute durch einen numerus clausus zusätzlich erschwert – überwinden zu können. Wer in seinem eigenen Beruf enttäuscht wurde, versucht manchmal, in einer Helfertätigkeit anderer Art den vermißten Arztberuf nachahmen zu können.

Dagegen ist nichts einzuwenden, wenn die strengen Grenzen der Laienhilfe nicht überschritten werden.

Eine 48jährige unbefriedigte Sprachheil-Lehrerin, die sich selbst als „verhinderte Ärztin“ bezeichnet, erteilt ihren stotternden Kindern und deren Eltern Auskünfte über vermeintliche Ursachen des Stotterns und Ratschläge zur Heilung, die den Bereich ihrer Zuständigkeit weit überschreiten (wenn sie z.B. Medikamente empfiehlt).

3. Erotisch-sexuelle Fehlhaltungen

a) Viele Hilfswillige suchen bewußt oder unbewußt einen Partner (oft mit unerwartetem Durchbruch zu sexuellen Handlungen)

Alleinstehende leiden meist unter dem Mangel an Gelegenheiten, einen passenden Partner zu finden. Die vielen zwischenmenschlichen Kontakte in einer Helfertätigkeit, so hoffen sie, können ihnen Gelegenheiten zu einem Kontakt bieten. Damit würde aber das Wesen des Helfens verzerrt.

Mögen sich in vielen Berufen sexuelle Verbindungen ergeben, im Rahmen der Laienhilfe verbietet das Ethos des Helfens jede körperliche Annäherung.

Auch homosexuelle Wünsche – verborgen oder offenbar – machen vor der Laienhilfe nicht halt: „Könnte ich bei Ihnen nicht wenigstens im Büro mitarbeiten?" fragte ein arbeitsloser früherer Student, der sich homosexuelle Bekanntschaften ersehnte.

b) Manche Hilfswillige wollen vor der eigenen sündhaften Sexualität fliehen
(oft suchen sie dabei aus innerer Lebensangst auf menschliches Liebesglück zu verzichten)

Im Mittelalter (und in einigen südlichen Ländern noch heute) bieten sich Klöster an, um Menschen mit unbewältigten Enttäuschungen oder neurotischer Liebesunfähigkeit eine Zuflucht zu gewähren. In abgeschwächter Form beherrscht der Wunsch, der „sündhaften Welt" den Rücken zu kehren, gelegentlich noch heute die Berufswahl nicht nur bei Ordensensangehörigen und Diakonissen, sondern auch bei „Laienhelfern", die ihre persönlichen Liebeswünsche vergessen möchten.

c) Manche Hilfswillige suchen dabei in einer „seelischen" einen Ersatz für die „sinnliche" Liebe
(oft hoffen sie dabei überstark auf eine dankbare Zuneigung)

Wo noch immer eine Zweiteilung den Menschen in eine gute Seele und einen bösen Leib zerreißt, da verbirgt das Streben nach einer nur seelischen, „platonischen" Liebe, nach einer reinen „agape", nicht selten unbefriedigte recht natürlich-irdische Liebessehnsucht. Wo das erkannt wird, müssen nicht immer Hindernisse für eine Laientätigkeit auftreten; doch sollten verdrängte sexuelle Liebeswünsche nicht die Motivation für das Helfen verzerren. Wer übrigens Dauerbindungen und bleibende Dankbarkeit sucht, müßte von einer Laienhelfertätigkeit enttäuscht werden.

Weder die Laienhelfer selbst noch die Verantwortlichen für ihre Tätigkeit müssen die genannten und manche weiteren tiefenpsychologischen Fehlmotivationen theoretisch oder praktisch analysieren können; wer davon weiß, sich selbst oder andere kritisch prüft und vor allem in einer längeren Bewährungszeit auf ein mögliches Fehlverhalten achtet, kann Mißgriffe vermeiden.

D) Fehlmotivationen aus der Gesinnung des Helfers

1. Helfen aus politischen oder weltanschaulichen Gründen

a) Manche „Helfer" suchen Gelegenheit zur Propaganda und zum Gewinnen neuer Anhänger (oft mit sektiererischem Fanatismus)

Je fanatischer die einseitige Überzeugung von einer „alleinseligmachenden" Hilfe sich als politische oder religiöse „überwertige Idee" in einem Menschen festgesetzt hat, um so stärker wird ihm an der Verbreitung dieser Idee mehr als an der Hilfe für den Menschen liegen. Der Ratsuchende wird dann oft erniedrigt zum bloßen Objekt der Propaganda, das später einmal zum neuen Kämpfer für diese Idee werden soll.

In Chikago lernte ich 1958 die „Christian Businessmen Corporation" kennen, die kostenlos zahlreiche Hilfsdienste anbot – von telefonischer und persönlicher Beratung bis zum Haareschneiden. Ihr sektiererisches Ziel war, mit pausenlos eingehämmerten Bibelsprüchen ihre Beratungsopfer zu einer Bekehrung zu zwingen. Mindestens während des Rasierens und Haareschneidens konnte sich niemand dieser Propaganda entziehen.

b) Manche „Helfer" suchen vorwiegend Gründe oder Vorwände, um übertriebene und negative Kritik zu üben (oft mit verallgemeinerndem Abwerten ganzer Berufsgruppen)

Viele Hilfsbedürftige blicken vermeintlich oder wirklich auf traurige Erfahrungen mit früheren Helfern zurück.

Schon das Markusevangelium (5,26) berichtet von einer Frau, die zwölf Jahre hindurch Blutungen hatte „und viel erlitten hatte von ihren Ärzten".

Wer aber grundsätzlich „die weißen Magier" nur der Habsucht beschuldigt oder Patienten zu einem Verein sammelt, um ärztliche Kunstfehler aufzuspüren, der zerstört die Vertrauensgrundlage des Helfens (vgl. S. 47, 70).

c) Manche „Helfer“ wollen vorwiegend die Richtigkeit ihrer eigenen Weltanschauung beweisen
(oft mit dem Streben, lange politische oder religiöse Diskussionen herbeizuführen)

Wer alles Heil von einer einzigen politischen Weltanschauung erwartet, kann die Nöte des einzelnen nicht mehr gebührend ernst nehmen. Ein solcher Pseudohelfer weicht gern vor den konkreten Aufgaben in Grundsatzdebatten aus.

Ein Leiter der NS-Volkswohlfahrt verwies die Opfer der Bombenangriffe mit beredten Worten auf die „herrlichen Zeiten nach dem Endsieg durch den Führer“, statt ihnen ihr Los zu erleichtern.

Im Sommer 1974 beantragten sämtliche Patienten einer Krankenstation, dem Klinikpfarrer den Zutritt zu den Krankenzimmern zu verwehren, weil sie sich durch seine ausschließlich kommunistische Propaganda belästigt fühlten; sie wünschten einen Seelsorger.

2. Religiöse Fehlhaltungen

a) Manche Hilfswillige werden von einem „fremdneurotischen Über-Ich-Einfluß“ geleitet
(oft leiden sie unter Angstgefühlen vor einer Autorität, deren Strafe sie fürchten)

Der Entschluß zu helfen entspringt keineswegs immer einem eigenen inneren Bedürfnis. Manchmal kommt darin ein lange fortwirkender Fremdeinfluß zum Ausdruck, der oft von religiösen Persönlichkeiten, meist aber von den Eltern stammt.

Mütter haben nicht selten ihre Söhne schon früh „dem Herrn geweiht“. (Auf den häufigen Hintergrund bei katholischen Müttern, die dann unbewußt hoffen, ihren Sohn nicht mit einer anderen Frau teilen zu müssen, können wir hier nicht eingehen.)

Manche junge Menschen erreichen dann nicht die innere Reife und Selbständigkeit, sich solchen Fremdeinflüssen zu entziehen.

b) Manche Hilfswillige wollen sich „aufopfern“
(oft mit einer „Selbstbestrafungstendenz“)

Minderwertigkeits- aber auch Schuldgefühle (vgl. S. 31) können sich steigern bis zu der (nicht immer bewußten) Vorstellung: du bist nicht wert, an den Freuden des Lebens teilzunehmen.

Im Sinne einer neutestamentlichen Rechtfertigungstheologie können „gute Werke“ nicht die vergebende Gnade Gottes ersetzen. Echte Dankbarkeit, die zur Liebe wird, ist davon nicht betroffen (vgl. S. 42f., 141).

c) Manche Hilfswillige haben Angst vor dem Jenseits (oft fürchten sie ein „Jüngstes Gericht")

Heute wesentlich seltener als früher bestimmen Jenseitsvorstellungen das Handeln in dieser Welt. Seelsorgerliche Gespräche mit älteren Menschen, die sich mit Gaben oder Aufgaben an einer Laienarbeit beteiligen wollten, ließen noch manchmal die Vorstellung erkennen: „Das zählt doch dann alles im Himmel!"

Die Vielzahl der hier genannten – religiösen und weltlichen – Fehlmotivationen könnte den Eindruck und die Frage wecken, wo finden wir noch echte und bis in den Herzensgrund selbstlose Beweggründe zum Helfen? Zwei Erfahrungen erteilten uns eine Antwort:

Tatsächlich lernten wir im Laufe von drei Jahrzehnten 20mal mehr hilfswillige Menschen kennen, die aus einem der genannten Gründe ungeeignet schienen für eine Ausbildung oder Tätigkeit als Laienhelfer. Andererseits braucht fast niemand zu befürchten, er würde bei irgendeiner Stelle einem zutiefst eigensüchtigen Laienhelfer „in die Hände fallen"; denn die unechten Beweggründe halten den Anforderungen der praktischen Arbeit auf die Dauer kaum stand, und die Mehrzahl der unecht Motivierten gibt die Laienhilfe wieder auf. So fanden wir unter den praktisch Tätigen etwa 80–90%, die zu einer der folgenden positiv motivierten Gruppen gehörten.

3. Verschiedene Fehlhaltungen nach dem Schrifttum

a) Psychologische Berichte

Aus psychoanalytischer Sicht hatte schon 1932 Ludwig JEKEL in seiner Untersuchung „Zur Psychologie des Mitleids" (Zeitschrift „Imago", 1930, und „Almanach der Psychoanalyse, 1932) auf die Vielzahl der Philosophen verwiesen, die seit Aristoteles über LESSING, FEUERBACH, E. v. HARTMANN und NIETZSCHE auf einen egoistischen Zug in dem Mitleid verwiesen. Als starkes Gefühlserlebnis stünde danach das Ich des Mitleidenden und -liebenden weithin im Vordergrund. J.-J. ROUSSEAU, M. MENDELSSOHN und SCHOPENHAUER betonten dagegen die altruistische Haltung im Mitleid. Sigmund FREUD unterstrich, wie schon früher der Italiener Ubaldo CASSINO, die Identifizierung, mit der ein Helfer sich in seiner Phantasie an die Stelle des Leidenden versetzt, um ihm beizustehen.

Rosa DWORSCHAK widmet in ihrem Buch „Der Verwahrloste und seine Helfer" den II. Teil der Persönlichkeit des Helfers und den Motivationen seiner Berufswahl. Im Anschluß an FREUD unterscheidet sie dabei den erotischen, den narzißtischen und den Zwangstypus. Der in diesem Sinn erotisch bestimmte Helfertyp wird „von der Angst vor dem Liebesverlust“ beherrscht, der narzißtische Typ sucht als aktiver Führer eine Selbstbestätigung, und der Zwangstyp ist von seiner Gewissensangst des Über-Ich abhängig.

Wesentliche oder praktisch brauchbare Erkenntnisse aus dieser Einteilung für den Helfer und seine Aufgaben konnten wir jedoch den Ausführungen der Verfasserin nicht entnehmen.

b) Berichte über Selbsthilfegruppen

In seiner Arbeit über „Selbsthilfegruppen in der Psychotherapie“ gibt M. L. MOELLER in „Praxis der Psychotherapie“ (4, Band XX, August 1975, J. F. Lehmanns Verlag, München) einen Überblick über die Vielzahl der Organisationen, die sich im Anschluß an die „Anonymen Alkoholiker“ gebildet haben und sich der Familien der Alkoholkranken annehmen (Al-Anon); die „Anonymen Neurotiker“ (AN), die „Emotions Anonymous“, die „Narcotics –“, die „Gamblers –“, „Overeaters –“ „Schizophrenics –“, „Stutterers –“ bis hin zu den „Suicides –“ und „Childbeaters –“ sind einige Namen für eine Vielzahl solcher Selbsthilfegruppen, zu denen sich auch die Schüchternen in der „Shy People –“ gesellt haben.

Wenn MOELLER als Zeichen für das verbreitete Streben zur Laienselbsthilfe auch zwei Bestseller-Bücher über den Selbstunterricht im Autogenen Training anführt, so wird spätestens an dieser Stelle die Grenze deutlich, an der Laienselbsthilfe umschlägt in gefährliche Kurpfuscherei.

Eine der umfassendsten Darstellungen, wie frühere Patienten von Nervenkliniken in einer Laien-Selbsthilfegruppe eine Heimat und einen Halt finden können, hat der Begründer der amerikanischen Recovery, Dr. med. Abraham A. LOW, in seinem Buch gegeben „Mental Health through Will-Training“ (Boston 1974). Freilich wird dieser an sich gute Weg mit amerikanischem Optimismus überbewertet, wenn alle doch recht verschiedenen seelischen Krankheiten als Einheit gesehen werden, für die eine – vielfach nicht gerechtfertigte Hoffnung – geweckt wird (vgl. S. 101).

In den letzten Jahren wurde von Dr. W. LECHLER in Herrenalb eine vorbildliche Laien-Organisation ins Leben gerufen unter dem Namen „Emotions Anonymous“, Selbsthilfegruppen für seelische Gesundheit, die bereits in 16 deutschen Städten sich der psychisch Kranken annehmen.

Mit vergleichbaren Zielen haben sich in Burlington, Iowa, Krebskranke zu einer Selbsthilfegruppe für „terminal diseases", unheilbare Krankheiten, zusammengeschlossen unter dem Namen „Make Today Count", frei übersetzt: Bereite dich heute vor!

In der Bundesrepublik entstanden in den letzten Jahren weitere therapeutische Laienorganisationen: die Selbsthilfe Krebskranker in Wiesbaden, die Altenselbsthilfe in Hamburg, die Nachbarschaftshilfe in Darmstadt etc.

Die Aktivierung der Kranken, das Erleben der tragenden Gruppe, die Verantwortung für andere, die affektive Entlastung des Aussprechens, die Erfahrung des Angenommenseins, die Aufhebung der Isolation sind einige der therapeutisch wirksamen Elemente, die den heilenden Wert dieser Selbsthilfegruppen durchaus in die Nähe der ärztlich geleiteten Gruppentherapie rücken.

Nur teilweise, mangelhaft oder gar nicht gelöst erscheint dabei die Aufgabe, wie die Beziehungen zu den Fachleuten, z.B. den Nervenärzten, gestaltet werden, die nicht selten – mindestens innerlich – abgelehnt werden. Für Depressive und Psychotiker bedeutet aber die richtige Gabe der notwendigen Psychopharmaka weithin eine Lebensfrage.

Damit bieten die Selbsthilfegruppen ein besonders anschauliches Beispiel zu dem Thema dieses Büchleins: Sie zeigen die Bedeutung der Laienarbeit, aber auch ihre Grenzen.

E) Echte Haltungen von Helfern
(sozial und religiös motivierte Selbstlosigkeit)

1. Vorwiegend unreflektiertes, „unbewußtes" Helfen

Ein Hauptkennzeichen des echten Helfens ist das selbstverständliche Handeln, das nicht bemerkt und registriert, wann und wie oft „Hungrige gespeist... Durstige getränkt... Gäste beherbergt... Kleider gespendet... oder Kranke besucht werden". Schon im Matthäus-Evangelium (25,36ff.) fragen solche Helfer ganz erstaunt, wann sie dies getan haben sollten.

Die Selbstlosigkeit als entscheidende Charakterhaltung ist dem Menschen teilweise angeboren und ihm als einem Gemeinschaftswesen instinkthaft mitgegeben; in starkem Ausmaß wirkt schon in jüngsten Jahren das Verhalten der Umwelt prägend, und die Erziehung übt einen zusätzlichen günstigen oder ungünstigen Einfluß aus.

a) Für manche ist Helfen eine selbstverständliche Notwendigkeit (oft folgen sie dabei einem Vorbild)

Bei einem Brand werden fast alle löschen wollen. Auch bei einem Unglück packt mancher zu, besonders, wenn Menschenleben zu retten sind. Zu einer Frage nach dem Warum bleibt keine Zeit. Mit feinen und gar geschulten Sinnen entdecken aufmerksame, nicht auf die eigene Person zentrierte Menschen in ihrer Umgebung zahlreiche Aufgaben zum Helfen auf anderen Gebieten.

b) Für manche entspringt das Helfen einem natürlichen, unbemerkten Bedürfnis
(oft nach frühzeitiger und langer Erziehung zur Selbstlosigkeit)

Müttern ist das Fürsorgebedürfnis für ihre Kinder angeboren. In manchen kinderlosen Frauen läßt es sich wecken, wenn sie z. B. als „Laienhelferin" und „Mutter" in einem SOS-Kinderdorf eine „Familie" übernehmen.

Kluge Eltern wissen durch Beispiel und Anleitung ihre Kinder schon im Kreis von Geschwistern und Spielgefährten zur Selbstlosigkeit zu erziehen.

c) Für manche entspringt das Helfen einem unterschwelligen Mitempfinden
(oft wächst der Hilfswille aus dem Beobachten der Not)

Je näher wir Zeugen einer Not werden, um so stärker fühlen wir uns betroffen. Ein Unglücks- oder Todesfall bei Nachbarn oder Verwandten spricht uns stärker an als ein Fährunglück auf den Philippinen, selbst wenn zehnmal mehr Menschen ums Leben kamen. Eine natürliche Anteilnahme, besonders wenn Kinder leiden, weckt unseren Wunsch zu helfen. Hartherzige mögen durch den Anblick der Not abgestumpft werden – warm und lebendig Aufgeschlossene fühlen: Ich muß helfen!

2. Vorwiegend affektiv bestimmtes Helfen

a) Manche helfen aus einem allgemeinen menschlichen oder religiösen Idealismus heraus
(oft durch planmäßige Erziehung zur Selbstlosigkeit vertieft)

Schon bei Primitiven ist das gegenseitige Beistehen in Nöten innerhalb des gleichen Stammes weithin selbstverständlich.

In den USA fand ich eine zielstrebige Erziehung der Kirchengemeinde zu Spenden, deren Durchschnittshöhe die vergleichbaren deutschen Gaben um ein Vielfaches übertrifft.

b) Andere helfen, weil sie die unverdiente Gunst des Schicksals empfinden
(oft, nachdem sie einen Einblick in die Nöte anderer Menschen getan haben)

Albert Schweitzer bietet mit seinem Leben, aber auch mit seinen Worten ein Beispiel, das sich gerade auch an Laien wendet:

„Es ist undenkbar, daß wir zivilisierten Völker den Reichtum an Mitteln für uns allein behalten dürften, die die Wissenschaft uns in die Hand gegeben hat, um Krankheit, Schmerzen und Tod zu bekämpfen. ... wie könnten wir uns verschließen, jene daran teilhaben zu lassen, die in fernen Ländern noch wesentlich schlimmeren körperlichen Leiden ausgesetzt sind als wir..."

c) Wieder andere helfen aus echtem Mit-leiden
(oft nach dem zufälligen oder absichtlichen Miterleben)

Vor 50 Jahren hat Ludwig Ferdinand Clauss aus seinen Erfahrungen begründet: Nur das Mitleben und Miterleben führt zu wirklichem Verstehen. Zwölf Jahre hindurch zog er darum „als Beduine unter Beduinen" durch die Wüste, ehe er über die Eigenart und die Nöte dieser Nomaden das gleichnamige Buch schrieb.

Entwicklungshelfer sind gelegentlich vor oder auch während ihrer Tätigkeit in Elendsgebieten von der Not der Hungernden und Verhungernden ergriffen. Sie geben die wichtigste Antwort: die helfende Tat.

Goethes Faust prägt beim Anblick Gretchens im Kerker dafür die klassischen Worte: „Der Menschheit ganzer Jammer packt mich an!"

3. Vorwiegend bewußt gesteuertes Helfen

a) Viele helfen aus eigener Einsicht
(oft nachdem sie planmäßig dazu angeleitet wurden)

Gebote allein reichen für Kinder – etwa vom 11. Lebensjahr an – nicht mehr aus, um sie bleibend zu einem bestimmten Verhalten zu motivieren. Wer ihnen erklärt und anschaulich macht, warum und wie sie mit praktischen Handgriffen helfen können – z. B. Einkaufen, Taschen tragen, Türen öffnen, Platz anbieten usw. –, der weckt Einsicht in eine heilsame Gewohnheit.

Der Pfadfindervorsatz, „jeden Tag eine gute Tat tun", ist ein zwar äußerlicher, aber keineswegs veralteter und wirksamer Erziehungsgrundsatz.

b) Andere helfen aus eigenem Pflichtgefühl
(oft nach bewußt zugewiesener Verantwortung)

Jede Gemeinschaft verleiht nicht nur Rechte; sie verteilt auch Pflichten. In einem engen Kreis ergeben sie sich selbstverständlich:

Eine Mutter liegt krank zu Bett. Die drei Kinder zwischen 11 und 15 Jahren verteilen die Aufgaben: Einkaufen, Haushalt, Pflege usw. Später behalten sie einen Teil dieser Pflichten aus eigener Verantwortung bei.

Unsere Berufung zum Helfen in den größeren Gemeinschaften müssen wir erst einsehen lernen.

c) Wieder andere helfen aus eigener Erfahrung
(oft nachdem sie selbst in persönlicher Not gerettet wurden)

Wer für sich selbst und andere in einer ernsten Gefahr um eine Rettung gebangt hat, wird nicht selten später darauf sinnen, wie anderen in ähnlicher Gefahr wirksamer zu helfen ist.

Als Antwort auf solche Erfahrung spendet der eine für ein Boot zur Rettung aus Seenot; eine Familie gründete selbst einen Hubschrauberrettungsdienst, nachdem das eigene Kind nach einem Verkehrsunfall nicht mehr rechtzeitig die Klinik erreicht hat.

4. Helfen als Ausdruck persönlicher Frömmigkeit

a) Viele helfen, weil sie Jesus Christus nachfolgen wollen
(oft wurden dabei Gesinnung und Charakterhaltung durch das Neue Testament geprägt)

Nicht nur geschichtlich ist der Gedanke des selbstlosen Helfens durch das Vorbild Jesu Christi und sein lebendiges Gleichnis vom barmherzigen Samariter (Lk 10) zuerst aufgetreten. Er ist das Urbild der Laienhilfe. Niemand, der offenen Herzens die Berichte der Evangelien liest, kann sich der zwingenden Kraft dieser Persönlichkeit entziehen.

Er ist „in die Welt gekommen, nicht daß er sich dienen lasse, sondern daß er diene" (Mt 20,28).

Jahrhunderte hindurch hat der einzigartige starke und gütige Charakter Jesu die Menschen in seinen Bann gezogen. Seine Herzensgesinnung wurde zum Beispiel für menschliches Handeln (Phil 2,5; 3,15). In Gebet und Meditation lernen wir ihn kennen und schauen ihn an, so daß unser Wesen von innen gewandelt und tatkräftiges Helfen uns zur zweiten Natur wird: „Die Liebe Christi dringet uns also" (2 Kor 5,14).

b) Andere helfen aus Dankbarkeit, nachdem sie selbst eine wesentliche Hilfe als göttliche Rettung erlebt haben (oft in schweren Krankheiten oder bei Unfällen)

Aufrichtige Dankbarkeit ist eine der edelsten Gesinnungen des menschlichen Herzens. Sie schließt die demütige Selbsterkenntnis ein, daß den eigenen Fähigkeiten und Kräften enge Grenzen gezogen sind. Sie setzt oft das Bitten voraus, das zu Menschen und zu Gott eine tragende Gemeinschaft des Vertrauens stiftet. Sie schafft die Freude des unverdient Beschenkten, der auch die scheinbar alltäglichen Gaben und Erleichterungen des Lebens nicht als selbstverständlich ansieht. Nur wer danken lernt, kann sich zutiefst freuen und zufrieden leben.

Täglich begegnet uns in der ärztlichen Praxis das Gegenteil, eine unzufriedene Anspruchshaltung, die nur die Versicherung oder die Helfer anklagen will, immer mehr Leistungen, Kuren oder Renten fordert und dabei den Weg zu Zufriedenheit, Glück und Wohlbefinden verschließt.

Auch für staatliche und soziale Gesetze und Leistungen wollen wir dankbar sein und sie ja niemandem vorenthalten. Sie anzuwenden, einzusetzen und zu verbessern lohnt.

In der religiösen Dankbarkeit und in ihrer Voraussetzung, dem Gebet, wurzelt eine der stärksten und bisher kaum entdeckten geistlichen Kräfte.

Zu den eindringlichsten Erfahrungen meines Lebens gehören Gespräche mit einigen hundert Menschen in allen Teilen der Welt, die übereinstimmend berichteten: In schwerer, gelegentlich aussichtsloser Krankheit haben wir voller Vertrauen – oft unter Anleitung eines Seelsorgers – um Heilung gebetet. Vielen wurde bei diesem Gebet als Zeichen des Segens die Hände aufgelegt. Fern von allem magischen Mirakelglauben und in aller Regel gerade durch ärztliche Maßnahmen erlebten sie eine überraschende Heilung.

Die tiefe dankbare Freude wuchs danach zu der Frage: Wie kann ich anderen Kranken helfen? Aus diesen Erfahrungen entstanden in aller Welt Gemeinschaften von Laienhelfern, die nun für andere Kranke und mit ihnen beten, sie besuchen und ihnen durch Seelsorge und Fürsorge helfen. Mit Ärzten und Pfarrern zusammen bilden sie den „Lucas-Orden" (vgl. S. 59, 89).

c) Wieder andere helfen aus der selbstverständlichen Haltung und Folge des Glaubens
(oft als Ergebnis unbemerkter ständiger Übung der Hingabe)

Nicht jede Dankbarkeit muß in einer besonderen oder gar „wunderbaren" Erfahrung äußerer Rettung oder Heilung wurzeln. Wer einmal das größte Wunder an sich erfahren hat, die Befreiung von der Last eines gequälten Gewissens durch das in der Weltgeschichte einzigartige Wort Jesu Christi: „Gehe hin, dir sind deine Sünden vergeben", der kann tatsächlich sein Leben neu beginnen. Wer als innerste Wirklichkeit erfährt: „Mein Leben unterliegt nicht einem blinden Zufall, sondern wird täglich von der gütigen Hand eines persönlichen Vater im Himmel geleitet", dessen Haltung nennen wir Glauben.

Dieser Glaube hat wenig mit einem bloßen intellektuellen Für-wahr-Halten zu tun; vielmehr ist er die starke Gewißheit eines Menschen, der für die letzten Lebensfragen eine Antwort und für seinen Charakter einen bleibenden Maßstab gefunden hat.

Echter Glaube läßt sich nicht trennen von der ständig geübten inneren Hingabe an den Herrn dieses Glaubens, Jesus Christus, an sein Beispiel und seinen Willen. Deshalb muß der Glaube zur Tat werden, zur Hilfe an denen, die dieser Herr „seine geringsten Brüder" genannt hat (Mt 25, 40).

Wer sich der Mühe unterzieht, die historischen Berichte des Lebens der Heiligen zu studieren, wird nicht nur traurig werden über den vielfach unerträglichen Kitsch, der sich um das Leben und Helfen dieser Helden gerankt hat, sondern er wird das Gold von Hunderten von Beispielen finden, wie eine echte Glaubenshaltung zur Laienhilfe an Notleidenden wurde.
(Bisher ist der Pfarrer von Ars bei Lyon [1786–1859] der einzige Heilige aus dem Priesterberuf.)

Sollte die zweite Hälfte des 20. Jahrhunderts jemals in die Geschichte als das soziale Zeitalter eingehen, so könnte es auf imponierende Erfolge und Leistungen auf allen Gebieten der öffentlichen und privaten Hilfe verweisen, die wir als einen unersetzlichen Fortschritt bewundern und dankbar anerkennen. Milliardenwerte sind für Krankenhäuser, Rehabilitationszentren, für Hilfsgeräte (z. B. Rollstühle, Prothesen usw. und medizinische Apparate) für Renten und staatliche Versicherungen aufgewendet worden. In größtem

Umfang wurde hier eine hauptberufliche Laienhilfe organisiert, bezahlt und mit ausgebildeten Fachkräften versorgt (so daß der Ausdruck „Laie" nur eingeschränkt berechtigt ist).

Eines freilich läßt sich weder planen noch finanzieren: die persönlich teilnehmende herzliche und menschliche Gesinnung, die verständnisvoll, herzlich und warm den Notleidenden annimmt und aufnimmt, ihn tröstet, „wie einen seine Mutter tröstet", und die ihn noch bis zum letzten Atemzug begleitet mit der starken Hoffnung auf ein ewiges Leben.

Wer die Menschen und ihre tiefsten Nöte wirklich kennt, der weiß,

Menschen in Not brauchen auch Seelsorge.

Zur Seelsorge aber sind nicht nur Pfarrer berufen, sondern in erster Linie Laien.

II.
Der begrenzte und der unersetzliche Wert von „Laienhelfern“

1. Bedenken gegen Laien-Tätigkeit

Bedenken gegen die Mitarbeit von Laien in den verschiedenen Bereichen sozialer, psychologischer oder gar gesundheitlicher Hilfe werden so häufig, so nachdrücklich und mit so vielfachen Gründen erhoben, daß wir diese Einwände gewissenhaft untersuchen müssen.

a) Mangelnde Kenntnisse

Bergen schon die unechten Motivationen Gefahren für Hilfsbedürftige, so müssen erst recht die fehlende Vorbildung und der Mangel an Kenntnissen bedenklich stimmen. Das Wissen um die Ursachen, aber auch um die Wege zur Hilfe in menschlicher Not nimmt ständig zu. Weitgegliederte Gesetze gewähren heute zahllose geldliche und andere Sozialleistungen; oft kann nur ein Fachmann sie noch übersehen und die Wege zu ihnen erschließen.

Die folgende Ausnahme bestätigt diese Regel:

Eine 15jährige behinderte Schülerin hatte zufällig erfahren, daß kinderreiche Familien von und mit schwer Körperbehinderten eine Erholungsreise bekommen können. Selbständig schrieb sie ein Gesuch, ob diese Voraussetzungen nicht auch für sie und ihre fünf Geschwister zuträfen; im Januar 1975 erhielt die Familie daraufhin eine Reise im Wert von über 4000.– DM bewilligt.

Einerseits erschweren wachsende Informationsmengen den sechs- bis achtjährigen Ausbildungsweg der jungen Mediziner, die nur nach sorgfältigen Prüfungen das Recht erhalten, gesundheitliche Beratungen und Behandlungen vorzunehmen; andererseits erwarten ungebildete Laienhelfer, sie könnten irgendeine beratende Tätigkeit – und sei es nur am Telefon – ohne Kenntnisse durchführen. Einige Kritiker fordern sogar: Wir müssen die Kranken und die anderen Hilfsbedürftigen vor dem gefährlichen, amateurhaften Tätigkeitsdrang schützen (amerikanisch: „dangerous amateurish benevolence“).

Verbinden sich gar die Vorurteile pseudoreligiöser, astrologischer oder illustrierten-psychologischer Scheinbildung mit den Ratschlägen von Laienhelfern, so ist der Schaden meist größer als der Nutzen.

„Nehmen Sie nur Retterspitz-Wasser!" riet eine übereifrige Laienhelferin einem Kranken, der unter einer Allergie und unter Magengeschwüren litt, „außen mit einem feuchten Umschlag auf die Nase legen und für den Magen einfach trinken. Das hilft bestimmt!" Die Helferin hatte hinzuzufügen versäumt, daß das gleiche Retterspitz-Wasser auch den Haarwuchs fördern und die Hühneraugen beseitigen sollte. In Wahrheit konnten die harmlosen Menthol-Öle dieser Flüssigkeit gegen keines der Leiden helfen.

Vor 20 Jahren hörte ein querschnittgelähmter Student von seinem Laienprediger, er solle die weite Reise nach Solingen nicht scheuen, Hermann Zaiss, ein Rasierklingenfabrikant, würde ihn gewiß mit Gebet und Handauflegung heilen. Der Student bot alle Mittel und Kräfte für diese Reise auf. Sein Zustand blieb – wie sich hätte voraussehen lassen – körperlich unverändert. Die enttäuschte Hoffnung aber löste bei dem Studenten eine gehemmte Depression aus. Er gab sein Studium auf und überließ sich nur noch den Klagen über sein Leiden, das er zuvor aktiv gemeistert hatte.

Wer über Jahrzehnte die Mißgriffe von Laien verfolgt hat bei den meist gutgemeinten Versuchen, anderen zu helfen, kann seine Augen vor den Schäden nicht verschließen. Er wird auch die häufige Wurzel der gefährlichen Ratschläge in einer unechten Frömmigkeit erkennen: Das überwältigende Erleben, „die Bibel ist wahr, sie hat recht", führt nur allzu leicht zu dem hochmütig wirkenden Irrtum: „Also ist die Bibel ein Fachbuch für alle Lebensbereiche, und weil ich die Bibel habe, darum habe ich recht auch mit meinen Ratschlägen."

Dennoch sollte die Einsicht in die erwähnten Gefahren zu einer anderen Schlußfolgerung führen:

Wenn die Laien gründlich ausgebildet, wenn sie dann nur im Rahmen ihrer wirklichen Kenntnisse und Fähigkeiten von erfahrenen Fachleuten eingesetzt werden und wenn schließlich eine sorgfältige Aufsicht („supervision") mögliche Fehler rechtzeitig entdeckt, dann lassen sich Gefahren durch Unkenntnis in weitestem Umfang vermeiden.

b) Falsches Verhalten

Nicht nur Unkenntnis, sondern auch ungenügendes Einfühlungsvermögen und mangelnder Takt führen bei Laienhelfern zu ungeschickten oder gar bedenklichen Verhaltensweisen. Nur wenige davon seien angedeutet:

Nicht immer werden Krankenbesuche zur richtigen Zeit und mit der notwendig begrenzten Dauer durchgeführt (vgl. S. 82f.). Häufiger schon spricht der Laienhelfer zu viel und/oder vorwiegend von sich selber, statt daß er einfühlende, mittragende, tröstende oder ratende Worte für den Hilfsbedürftigen findet und ihm vor allem Gelegenheit gibt, sich innerlich zu entlasten.

Manche Laienhelfer übertragen ihre persönlichen Lebensgewohnheiten in den Bereich ihrer Helfertätigkeit: sie laden vielleicht, ohne den möglichen Schaden zu wissen oder zu wollen, einen Kranken zu Alkoholgenuß, zu Zigaretten ein oder verführen ihn zu Diätfehlern oder – seltener – zu Überanstrengungen.

Nicht wenige Laienhelfer neigen in aufrichtiger Hilfsbereitschaft dazu, mehr zu versprechen, als sie halten können. Eine Hoffnung, die später nicht erfüllt wird, wirkt schlimmer als eine ehrliche Absage.

Ein wohlmeinender (Telefon-)Seelsorger sagte oft Hausbesuche zu, für die seine Körperkräfte und seine Zeit bei weitem nicht ausreichten.

Fehlverhaltensweisen, die auf schwerwiegenden Charakterfehlern (z.B. Habsucht, Genußsucht), auf (bestenfalls irriger) Grenzüberschreitung beruhen, bleiben an dieser Stelle ebenso außer Betracht (vgl. S. 26ff.) wie die ernsten Bedenken gegen jede Form der Kurpfuscherei, die nicht mit notwendiger Laienhilfe zu verwechseln ist.

c) Fehlende Ordnung und Haftpflicht

In unerfreulichem Übermaß vergiftet juristisches Denken nicht nur in den Vereinigten Staaten das Vertrauen zwischen Ärzten und anderen Helfern und den Leidenden (vgl. S. 34). Wer wirklich schweren, bleibenden Schaden erlitten hat, ist zu verstehen, wenn er nach einem Kostenträger Ausschau hält.

Ein elfjähriger Schüler ertrank fast beim Klassen-Schwimmen. Die Wiederbelebungsversuche waren erfolgreich, der Junge aber litt seither unter zunehmend häufigen epileptischen Anfällen und schließlich einer spastischen Lähmung. Die Eltern wollten den Lehrer mit der Behauptung haftbar machen, er habe seine Aufsichtspflicht verletzt. Erst vier Jahre später ergab sich aus den Unterlagen eines anderen Arztes, daß der Junge schon vor dem Schwimm-Ausflug wegen eptileptischer Anfälle in ärztlicher Behandlung war, so daß der Badeunfall wohl als Folge, nicht aber als Ursache der Epilepsie gelten konnte.

Bei Haftpflichtansprüchen geht es oft um Summen von mehreren 100000.– DM. Die Rechte und Pflichten der berufstätigen Fachleute sind durch Gesetze und Berufsordnungen genau festgelegt. Haftpflichtversicherungen treten ein, falls sich ein Fachmann durch eine Fahrlässigkeit schuldig macht.

Der Versicherungsschutz tritt für den Versicherten ein, wenn dieser „aufgrund gesetzlicher Haftpflichtbestimmungen ... von einem Dritten auf Schadenersatz in Anspruch genommen wird“.

Kein Laie wird jedoch durch eine Haftpflichtversicherung vor den Folgen eines fehlerhaften Vorgehens geschützt. Keine Berufsordnung regelt seine Rechte und Pflichten. Gerade in einem Rechtsstaat aber müssen auch Ratgeber und Beratene, Helfer und Hilfsbedürftige vor möglichen Gefahren und Nachteilen geschützt werden.

Vorsichtige Fachleute warnen daher vor den zwar seltenen, aber doch möglichen Streit- und Schadensfällen, bei denen die rechtlich ungesicherte Stellung die Laienhelfer zu untragbaren Zahlungen verpflichten könnte.

Aus der bisher fehlenden rechtlichen Einordnung von Laienhelfern hat das kleine Belgien einen anderen Rückschluß gezogen und ist mit einem vorbildlichen Gesetz an die Öffentlichkeit getreten, das König Baudouin am 20. Juli 1973 erlassen hat. Es regelt die Voraussetzungen, unter denen Laienhelfer in der Telefonseelsorge nach einer entsprechenden Ausbildung anerkannt und sogar bezahlt werden. Wegen der grundsätzlichen Bedeutung ist der Wortlaut dieses Gesetzes im Anhang (S. 147ff.) wiedergegeben.

Vermutlich wird geraume Zeit verstreichen, ehe auch in anderen Kulturstaaten – wenigstens der Europäischen Gemeinschaft – vergleichbare Gesetze die rechtliche Stellung von Laienhelfern klären.

Bis dahin bietet sich eine Zwischenlösung an: Mindestens im Bereich der Gesundheit und der Lebens-Beratung, einschließlich der Telefonseelsorge, muß – nach meiner Überzeugung und Erfahrung – die Leitung, die Ausbildung der Laienhelfer und die Verantwortung für ihre Tätigkeit in den Händen eines Arztes liegen, am besten in denen eines Psychiaters und/oder eines Psychotherapeuten. Er wird die Laienhelfer auf ihre Tätigkeit vorbereiten, sie über ihre Pflichten unterrichten und sie so auf die ärztliche Schweigepflicht hinweisen, daß die Laienhelfer als „ärztliches Hilfspersonal“ den entsprechenden Bestimmungen unterliegen.

d) Mangelnde Verantwortung und Verpflichtung

Die meisten Laienhelfer sind ohne Entgelt und zugleich ohne Vertrag tätig. Wie stark muß ein Gewissen sein, das alle Gründe für das Versäumen eines pünktlichen und lückenlosen Laiendienstes überragen würde. Während der ersten Monate mögen Eifer und Pflichtbewußtsein für die notwendige Ordnung sorgen. Aber wer wagt zu tadeln, wenn Helfer sich erst gelegentlich und dann häufiger entschuldigen:

„Ich habe die ganze Woche Dienst getan; das Wochenende brauche ich für meine Familie."

„Während der Ferien will ich verreisen."

„Weihnachten aber gehöre ich zu meinen Kindern."

„Ich habe überraschend Logierbesuch bekommen."

„Ich fühle mich heute nicht wohl."

usw.

Wer mag den überlasteten Laienhelfer schelten, den schon drei Telefonanrufe des Nachts aus dem Schlaf rissen und der dann seinen Telefonapparat in Decken einwickelt, damit er ein viertes Klingeln nicht hört?

Auch schuldhafte Irrtümer sind möglich: Am 24. Dezember 1974, ausgerechnet in der Heiligen Nacht, habe ich selbst um 24 Uhr versäumt, das Telefon in das Gebäude umzuschalten, in dem der Nachtdienst sich wunderte, daß zum erstenmal seit 20 Jahren nachts keine Anrufe eingingen.

Aber es darf sich nicht bei den Studenten herumsprechen: „Du brauchst dich nur bei dieser caritativen Stelle zum nächtlichen Telefondienst zu melden; dafür bekommst du 15.– DM. Das Telefon kannst Du abstellen und hast auf diese Weise Dir schlafend noch Dein Taschengeld verdient."

Zahlreiche Fehler in der Beratungstätigkeit können zwar auch bei Fachleuten vorkommen, sind bei ihnen jedoch wesentlich seltener zu beobachten.

Eine Laienhelferin war mit gutem Grund davon überzeugt, die von ihr betreuten Einsamen aller Altersgruppen könnten durch eine harmonische Ehe aus ihrem bedrängenden Alleinsein befreit werden. Mit weit weniger gutem Grunde betätigte sie sich darum übereifrig als Ehevermittlerin. Sie wählte die Partner aus, die nach ihrer Meinung zusammenpassen würden, erzählte jedem von dem anderen die denkbar positivsten Eigenschaften, vermittelte in ihrem Hause ein Kennenlernen und redete zu, sie sollten heiraten. –

Mehrere dieser Ehen scheiterten und trugen dieser Laienhelferin bittere Vorwürfe ein: „Sie sind an dem Unglück meines Lebens schuld! Er ist ein Trinker. Wie soll ich mich jetzt wieder scheiden lassen? Tragen Sie etwa die Kosten?"

In einem anderen Beispiel hatte eine zuvor bewährte Laienhelferin die Grenzen ihrer Befugnisse und der Schweigepflicht trotz sorgfältiger Belehrung überschritten:

Beide Partner einer bedrohten Ehe hatten Rat gesucht. Die Laienhelferin kümmerte sich besonders intensiv um den depressiven Mann und dachte sich eigenmächtig eine praktische Unterstützung aus: Sie beauftragte einen ihr bekannten Studenten, die Ehefrau zu „beschatten". Dem Studenten gelang es, sie mit einem Freund bis in ein Absteige-Hotel zu verfolgen. Er lieferte damit den Beweis für den – darauf folgenden – Scheidungsprozeß. Die

Laienhelferin wurde wegen dieses schweren Verstoßes gegen die notwendige Vertrauensgrundlage sofort von ihrer Mitarbeit entbunden.

Aus solchen Fehlhandlungen schließen manche Fachleute: Nur die vieljährige Fachausbildung, die einen langen inneren „Spannungsbogen" (KÜNKEL), d.h. Warte- und Tragfähigkeit, fordert und den Charakter bildet, gewährleistet ausreichenden – wenn auch nie absoluten – Schutz vor Entgleisungen.

Nur allzu menschlich und psychologisch verständlich ist das Streben vieler Laienhelfer, ihren „Meister" nachzuahmen, es ihm gar gleichzutun. Ermutigt durch günstige Ergebnisse ihres Tuns und in der Annahme, die eigenen Erfahrungen reichten auch zu eigenem Urteil und zu selbständigem Handeln aus, überschreiten sie (dem Zauberlehrling vergleichbar) ihre Grenzen und geben z.B. ärztliche Urteile oder Ratschläge ab.

Auch hier lautet die andere Schlußfolgerung: Laienhelfer sorgfältig und kritisch auswählen und ebenso vertrauensvoll wie genau beaufsichtigen, dann kommen Mißgriffe nicht häufiger vor als bei den Angehörigen der Fachberufe.

2. Der positive, unersetzliche Wert von Laienhelfern

Weit mehr Gründe sprechen jedoch *für* eine Mitarbeit durch Laienhelfer. Einzelvoraussetzungen und Begleitumstände, Aufgaben und Grenzen sind noch zu besprechen (vgl. S. 142f.).

a) Laienhelfern gelingt durch ihre Lebensnähe meist ein engerer Kontakt zu den Ratsuchenden

Die „hauptberufliche Hausfrau und Mutter" versteht als Laienhelferin die „Kochtopf- und Familiensorgen" anderer Hausfrauen leichter als eine Ärztin oder hauptberuflich tätige Frau. Auch mit anderen Berufen stehen Laienhelfer den „Menschen in Not" vielfach näher als die Fachberater. Gemeinsame Umwelt und Erlebnisse aus Schule, Ausbildung, Beruf und Freizeit mit ihrer eigenen Sprache schaffen mehr Berührungspunkte.

Vergeblich bemühte ich mich lange, einer 15jährigen oberbayrischen Schülerin, die nach einem Selbstmordversuch gekommen war, fragend den Unterschied zwischen einem ängstlich-erregten agierten Zustandsbild und einem antriebsgehemmten apathischen zu erklären. Erst eine – des Bayrischen mächtige – Laienhelferin klärte die Lage: „Jo mei – treibts die rum oder bischt lätschert?" „Ah so – mi treibts rum!"

b) Laienhelfer finden durch ihre größere „Patienten-Nähe" leichter Verbindung zu ihren Hilfesuchenden

Krankenschwestern kennen die persönlichen Sorgen ihrer Patienten meist besser als die Ärzte.

Ähnliches gilt nicht nur von anderen Pflegeberufen, sondern auch von Sekretärinnen, Vorzimmerdamen, selbst von Kellnerinnen oder Verkäuferinnen.

Die Kollegen und Kolleginnen am Arbeitsplatz oder in der Freizeit z.B. die Teilnehmer der gleichen Reisegesellschaft vertrauen sich (schon wegen der langen, gemeinsam verbrachten Zeit) oft gegenseitig ihren Kummer an.

Laienhelfer bringen in der Regel mehr Zeit mit den Ratsuchenden zu als die Fachberater. Zur genaueren Kenntnis der Umwelt tritt bei den Laienhelfern also die größere Nähe zur „Innenwelt" der Hilfsbedürftigen mit ihren Sorgen.

c) Laienhelfer können häufiger und ermutigender von eigenen guten Erfahrungen berichten

Enthaltsame, frühere Trinker eignen sich hervorragend, von ihren Erfahrungen her anderen, noch immer vom Alkohol Abhängigen den Weg zu innerer Freiheit zu weisen.

Eine gleiche Hilfe für Drogen-Abhängige, für Patienten nach ihrer Entlassung aus einer Nervenklinik oder für Gefangene nach ihrer Haft wird wegen der höheren Rückfallgefahr meist überwertet. Die notwendige psychische Stabilität der ehemals Kranken reicht für diese schwierigen Aufgaben nicht aus. Vollends undurchführbar wäre die oft geforderte Laienhilfe ehemals Selbstmordgefährdeter für die gegenwärtig mit solcher Versuchung Ringenden im Sinne einer „Suicide anonymous".

Geschiedene Laien jedoch, zufrieden und erfüllt von einer neuen Tätigkeit, können die trösten und begleiten, die mitten in Kummer und Krisen meinen, ihr Leben sei unwiederbringlich zerstört. Es wäre höchste Zeit, eine „Divorcees anonymous" zu gründen (mit der wir in kleinem, privatem Rahmen die besten Erfahrungen gesammelt haben) (vgl. S. 75).

d) Laienhelfer kennen meist mehr Möglichkeiten zu praktischer Resozialisierung

Mögen Fachleute durch ihre Behandlung die – z.B. gesundheitlichen – Voraussetzungen schaffen, daß ein Gefährdeter wieder in seine Umwelt zurückfinden kann, mögen Fürsorge- und Sozialbehörden für die Grundlagen von Beruf, Geld und Wohnung eintreten, am schwersten wiegt der Anschluß an einen Kreis von

Gleichgesinnten. Laienhelfer können öfter als Fachleute bereitwillige weitere Helfer vermitteln, und/oder sie öffnen selbst ihr Haus der Geselligkeit und dem Austausch von Schwierigkeiten, die oft schon durch die Aussprache und durch eine nachbarschaftliche Tat der Hilfe zu beseitigen sind.

e) Laienhelfer sind leichter zu langfristiger Begleitung fähig
Ein Fachberater muß seine Zeit gerecht und annähernd gleichmäßig einteilen, ein Laienhelfer bleibt immer zum Teil Privatperson, wenn er z.B. Kranke in eine Klinik bringt, sie dort oder später zu Hause besucht und an seinem privaten Telefon oder im Rahmen der Telefonseelsorge (fast) jederzeit für seine besonderen Sorgenkinder erreichbar ist.

f) Laienhelfer können wirksamer der Gefahr des „Hospitalismus" begegnen
Hochqualifizierte fachliche Behandlung und Betreuung halten oft den Leidenden in einer Abhängigkeit, die seine eigene Handlungsfreiheit, auch die Arbeit an der eigenen Genesung und Resozialisierung lähmt. Laienhelfer bieten und bauen oft eine Brücke zur aktiven Wirkung bei der Genesung und zur neuen Selbständigkeit. Sie bieten ein Beispiel und legen praktisch Hand an, z. B. bei einem Umzug, beim häuslichen Aufräumen, bei schwierigen Eingaben an Behörden usw.

g) Laienhelfer können menschlicher und unbefangener urteilen
Fachliche Urteile und Diagnosen aufgrund klarer Befunde sind für ein wirksames Helfen unentbehrlich. Leicht aber fühlt sich der Ratsuchende dabei als Objekt, als „Fall" oder gar als „Nummer" behandelt, weil und wenn in dem täglichen Wiederholen der gleichen Aufgaben Abstumpfung und Routine unvermeidlich erscheinen. Das gilt von dem Chirurgen, der auf seine Operationstätigkeit konzentriert ist, ebenso wie für den Psychologen mit seinen Tests oder den Sozialpädagogen mit seinen Berichten über Hausbesuche oder den Stand der Verwahrlosung.

Ein Laienhelfer wird seltener ganztags arbeiten. Nicht so sehr diagnostische und differentialdiagnostische Erwägungen lassen ihn fragen: Welcher Art ist diese Störung? Welches ist ihr Ursprung? Worum könnte es sich sonst noch handeln? Was also müßte dagegen unternommen werden?

SA 4.22 SU 20.16 22. 5. 1977 MA 8.03 MU 23.27
142-223 7. Sonnt. d. Osterzeit 20. Woche

03.27	15.39		Cuxhaven		10.05	22.32
03.52	15.57	HW	Bremerhaven	NW	10.14	22.37
07.20	19.32		Hamburg		02.27	14.32
05.49	18.00		Bremen		00.47	12.54

Fast jeder Laie wird ohne weiteres zugeben, daß er kein Symphonieorchester dirigieren, keinen Blinddarm herausnehmen und auch keine Autofabrik leiten kann. Aber die Leute, die daran zweifeln, daß sie Minister sein könnten, sind selten.

Bernard Baruch

Mit vollen Segeln in den Wind

22

MAI

SONNTAG

Einem 16jährigen Schüler der 10. Klasse droht das Sitzenbleiben. Die Eltern sind entsetzt und ratlos. Fachleute fragen sich (und zum Teil den Jungen): Ist er depressiv gehemmt? Handelt es sich um neurotische oder soziale Verhaltensstörungen, weil er sich hinter dem älteren Bruder zurückgesetzt fühlt? Liegen Pubertätsschwierigkeiten, sexuelle Spannungen zugrunde, oder wird er einfach von seiner Freundin abgelenkt? Ist er „schulmüde" und/oder schlicht faul? Raucht er Hasch, trinkt er Alkohol, oder nimmt er gar Rauschgift usw.?

Der Laienhelfer wird ohne diese und andere systematische Fragen vielleicht den Jungen zu Hause besuchen, sein Zimmer und seine Umwelt ansehen und mit seinem Gespräch über die letzte Hitparade sein Vertrauen gewinnen und damit Erkenntnisse, die den fachlichen Erhebungen bisher entgangen waren, in unserem Beispiel: den übermäßig ehrgeizigen Vater und die Widerstandshaltung des Jungen.

Keinerlei Gegensatz trennt das notwendig systematische Vorgehen des Fachmannes von dem des Laien, vielmehr ergänzen sich beide: die kritisch objektive und die menschlich intuitive Begegnung.

h) Laienhelfer können leichter mit notwendigen praktischen Handgriffen beistehen

Manche bettlägerige Kranken brauchen nicht nur die wirksamsten Spritzen und Medikamente, sondern auch Hilfe im Haushalt, jemanden, der Einkäufe erledigt, Wäsche wäscht, vielleicht den Ofen heizt oder Briefe beantwortet.

Zu unserem Lukas-Orden gehörte als Laienhelferin eine junge, schlichte Raumpflegerin, die 12 Jahre hindurch täglich nach ihrem Dienst durchschnittlich zwei bis drei Kranke besuchte, dort die Wohnungen sauber machte, zuverlässig die verordneten Medikamente mitbrachte und einkaufte. Sie konnte keinerlei Beratung durchführen, doch war ihre Mitarbeit ebenso unentbehrlich wie die jahrelange „Laienhilfe" durch den Chemie-Professor Dr. *Gad,* der hochqualifiziert ganztägig Telefonseelsorge übte.

16 Jahre hindurch bis zu seinem Tod hat ein junger Programmierer, Gernot *Kosin,* mehrmals in jeder Woche Kranke besucht, notwendige Reparaturen in deren Haushalten durchgeführt, sie mit seinem Wagen zur ärztlichen Sprechstunde, aber auch zum Gottesdienst gefahren. Später hat er auch Psychologie studiert und am Telefon wie persönlich fachkundige Beratungen durchgeführt. Nicht zuletzt hat er als Laien-Seelsorger den Kranken auf ihren Wunsch hin aus der Bibel vorgelesen und mit ihnen gebetet. Sein Dienst war – auch durch wissenschaftliche Mitarbeit beim Anlegen und Auswerten der Krankenkartei – unentbehrlich.

i) Laienhelfer können wohltuender ein anteilnehmendes Mitleiden äußern

Fachleute müssen Abstand wahren. Gerade aus ihrer notwendigen Autorität wächst das Vertrauen, mit dem der Ratsuchende seiner Führung folgt. In Notlagen erkennt der Mensch seine Ohnmacht, aus der er allein sich nicht befreien kann. Aber Leidende brauchen nicht nur einen Führer, sondern auch einen Begleiter, der vielleicht durch die gleiche Not gegangen ist und Hilfe gefunden hatte.

Ein Fachmann darf nicht, von Mitleiden erfüllt, mit dem Kranken, dem Schmerzgeplagten, dem Verwitweten etwa weinen; er wird ihm in menschlichem Mitgefühl nur selten Worte tragenden Trostes zusprechen. Bei den Ausnahmen ist zu fragen, ob noch der fachliche oder der menschliche oder seelsorgerische Beistand wirkt, zu dem sich auch Fachleute berufen wissen. Jedenfalls können Laien meist viel persönlicher und unbefangener trösten.

k) Laienhelfer sind leichter für ehrenamtliche Tätigkeit zu gewinnen als Fachleute, deren Zeitdruck sie entlasten

Fachleute üben auch helfende Tätigkeit meist als Erwerb aus. Angesichts des Übermaßes der Not stehen sie unter ständigem Zeitdruck. Die „Laienhelfer" stellen ehrenamtlich einen Teil ihrer Freizeit zur Verfügung. Sie sind meist acht Stunden berufstätig oder pensioniert oder als Hausfrauen nicht voll ausgelastet usw., so daß sie auf einen zusätzlichen Verdienst verzichten können.

Einerseits liegt noch immer kostbare Zeit von willigen und fähigen Laienhelfern brach, andererseits sind die Fachleute so überlastet, daß sie ihren Hilfesuchenden selten die wünschenswerte Zeit anbieten können. Ein Ausgleich ist möglich und notwendig.

3. Beispiele für bewährte Laienhilfe

a) Die frühesten Berichte über „Laienhilfe"

Solange Menschen diese Erde bewohnen, hat private Hilfsbereitschaft von Mensch zu Mensch den Leidenden ihr Los erleichtert. Albert SCHWEITZER, dessen Geburtstag sich bei der Niederschrift dieser Zeilen zum hundertsten Mal jährt, prägt dafür den Ausdruck der „Bruderschaft der vom Schmerz Gezeichneten". Die spontane und ständige Hilfsbereitschaft von Mensch zu Mensch hat tausend Gesichter.

SCHWEITZER schildert, wie diese Hilfsbereitschaft sich bei den Afrikanern selbst fast immer beschränkt auf den engen Kreis der eigenen Stammesangehörigen. Bei anderen wird noch heute Hilfe abgelehnt: „Dieser ist nicht mein Bruder.“ Ähnliches gilt von weiten Teilen Asiens.

Nach einigen Vorbildern in Ägypten und im Alten Testament finden sich in den Evangelien sieben „Werke der Barmherzigkeit“ genannt, die die Hilfsbereitschaft zu einer Hauptaufgabe der christlichen „Laien“ erhob:

Kranke besuchen und pflegen,
Obdachlose beherbergen,
Hungernde speisen,
Durstigen zu trinken geben,
Gefangene erlösen.
Nackte bekleiden und
Tote begraben.

Hier ist nicht eine Geschichte der privaten und nicht einmal die einer organisierten christlichen „Caritas“ zu schreiben, die diese Werke oder sogenannten „Tugenden der Barmherzigkeit“ von den urchristlichen „Diakonen“ über die Klöster des Altertums, des Mittelalters und der Neuzeit fortgesetzt hat bis zur „Diakonie“ der Gegenwart, bis zu den Hilfswerken von „Misereor“, von „Brot für die Welt“ bis zu christlichen Krankenpflege-Orden, Krankenhäusern, Kindergärten usw., kurz, dem gesamten Hilfsprogramm von Caritas und Innerer Mission.

b) Vorbildliche Beispiele beim Anknüpfen von Kontakten

Eine der wichtigsten Voraussetzungen und zugleich Aufgaben der „Laienhilfe“ ist eine *vollwache, anteilnehmende Aufmerksamkeit.* Einerseits ist sie die Folge einer selbstlosen Gesinnung, andererseits läßt sich ein waches Auge üben und schulen. Einige Beispiele aus unseren Erfahrungen legen davon Zeugnis ab:

Ein Geldbriefträger hatte bei einem – ihm bekannten – 67jährigen Herrn eine Sendung zuzustellen und sah auf dem Tisch ein angefangenes Schriftstück mit der Überschrift „Mein letzter Wille“. Der Empfänger sagte beim Quittieren: „Eigentlich brauche ich das gar nicht mehr.“ Außerdem wirkte er so bedrückt und verstört, daß der Geldbriefträger sofort die Ärztliche Lebensmüdenbetreuung anrief. Kaum 20 Minuten später fand ein Mitarbeiter den 67jährigen damit beschäftigt, einen Strick am Fensterkreuz zu befestigen, um sich aufzuhängen. Der altersdepressive Mann wurde behandelt und wieder lebensfroh.

Einer 19jährigen Stenotypistin, der jüngsten Angestellten eines mittelgroßen Berliner Industriewerks, war das niedergeschlagene Wesen des einarmigen Pförtners (48 Jahre alt) aufgefallen. Absichtlich verließ sie als letzte den

Betrieb und wunderte sich, daß der Pförtner die Treppen emporstieg. Sie folgte ihm und hinderte ihn mit allen Körperkräften und danach mit ihrer Überredung, im 7. Stockwerk aus dem Fenster zu springen. Sie nahm ihn mit sich nach Hause, rief von dort aus ihren Verlobten und die Ärztliche Lebensmüdenbetreuung an. Der Hausbesuch in ihrer Wohnung ergab eine extrem vergrößerte Leber, Medikamenten-Mißbrauch, eine reaktive Depression und eine zerrüttete Ehe. Ich habe den Mann am gleichen Abend in eine Klinik gebracht.

Ein Ehepaar ging abends spät mit einem Hund an der Havel spazieren. Als er bellte, beobachteten beide ein junges Mädchen allein am Ufer. Beide sprachen sie an und erfuhren schließlich, daß das Mädchen ein Kind erwartete, von Hause fortgelaufen war und den Tod suchte. Die Ärztliche Lebensmüdenbetreuung vermittelte dann die Verbindung zu den Eltern, deren Einverständnis, daß das Mädchen eine Weile bei dem Ehepaar bleiben konnte und schließlich in einem Heim ein gesundes Kind bekam.

Eine 57jährige Senatsangestellte beobachtete an einem Sommerabend, als sie sich aus dem Fenster lehnte, eine ältere Dame am Hauseingang, die sich nur mühsam aufrecht hielt. Die Angestellte knüpfte ein Gespräch an, nahm die Frau zu sich in die Wohnung und erfuhr bei einer Tasse Kaffee von dem schweren Schicksal der 73jährigen und von deren Selbstmordplänen. Nach einem Telefongespräch fuhr unsere Mitarbeiterin, Frau *Stolt*, sofort in die bezeichnete Wohnung und sorgte noch am gleichen Abend für die Aufnahme dieser Frau in eine Fachklinik.

Unsere Tagebücher der Telefonseelsorge verzeichnen in jedem Jahr mehrere dutzend Beispiele von lebensrettender Aufmerksamkeit:

Laien entlarven durch ihr anteilnehmendes Mitempfinden verbreitete unsinnige Lügen, z.B.: Reisende soll man nicht aufhalten; wer vom Selbstmord redet, tut es doch nicht. Im Gegenteil: Lebensmüde halten Ausschau und warten auf eine helfende Hand. Das kann sehr wohl die eines aufmerksamen Laien sein.

c) Vorbildliche Beispiele beim Begleiten von Hilfsbedürftigen

Auf zahlreichen Wegen können Laien häufiger und wirksamer als Fachleute Gefährdete auch weiter begleiten.

Hausbesuche sind häufiger erwünscht oder gar notwendig, als Fachleute sie durchführen können. Im ungezwungenen, mehr geselligen Gespräch mit einem Laien schließt sich ein Bedrückter leichter auf. Besonders gehemmte oder bettlägerige Patienten sind für Hausbesuche dankbar.

Langfristige Einladungen in die Familie des Laienhelfers können nur Ausnahmen bleiben, wenn sie die Helfer nicht überfordern sollen. Auch ist recht kritisch auszuwählen, wem das Vertrauen des „Logierbesuches“ entgegengebracht wird. Etwa hundertmal haben sich im Laufe der letzten 19 Jahre unsere Laienhelfer entschlossen, für eine oder meist mehrere Wochen besonders Gefährdete in ihr eigenes Haus und ihre Familie aufzunehmen, wenn nämlich das Ausmaß der Selbstmordgefahr ein Alleinbleiben nicht zuließ, ein Klinikaufenthalt aber nicht möglich war. Die äußerst günstigen, oft lebensrettenden Ergebnisse verleihen jedoch nicht das Recht, daß wir ein solches Aufgeben eines Restes privater Freiheit fordern dürften; es verpflichtet jedoch zu einer dankbaren Ehrfurcht vor denen, die diese Opfer brachten.

Eine vorbildliche Lehrer-Familie nahm bereits zweimal morphiumabhängige Jugendliche mit Zustimmung der Eltern je mehrere Monate in ihr Haus auf, um dem müßigen Anklagen: „die Umwelt ist schuld“ das wirksame Beispiel der helfenden Tat entgegenzusetzen. Obwohl diese Erfahrungen ermutigend verliefen, dürfen sie doch wegen der hohen Rückfallhäufigkeit und wegen der Gefahren der Kriminalität nicht empfehlend verallgemeinert werden.

Kurzfristige Einladungen für Stunden oder Tage

Als wir 1956 damit begannen, an jedem Heiligen Abend alle Einsamen zu einer familienähnlichen Weihnachtsfeier einzuladen, zeigte uns viele Jahre hindurch der Besuch von 150 Gästen, wie stark das Bedürfnis nach Gemeinsamkeit ist. An Festtagen stimmen Erinnerungen an glücklichere Zeiten die älteren Menschen schwermütig, und sie fühlen sich leicht „abgeschoben“. Geselligkeit gibt ihnen dann das Bewußtsein: wir sind nicht verlassen.

Auch an anderen Tagen des Jahres bieten kleine Wochenendtreffen den scheinbar Vergessenen eine Möglichkeit zum Austausch.

Meines Wissens sind fast alle begrüßenswerten Eigeninitiativen der Einsamen, besonders mit sogenannten „Telefonketten“, wieder gescheitert. Um so stärker sollte die private Tatkraft der Laienhelfer ermutigt werden; denn sie bringen zu dem guten Willen jenes Mindestmaß an Kenntnissen, an Geduld und Einsatzbereitschaft mit, die auch solche Zusammenkünfte zu einer Dauereinrichtung machen.

Am 20. Juli 1975 ging durch die Presse, die psychiatrische Waldhaus-Klinik in Berlin-Nikolassee habe Patenschaften für die – sonst isolierten – chronisch Kranken als Laienhilfe ins Leben gerufen.

Gemeinsame Reisen sind ein ebenso gewagtes wie sinnvolles und – auch für jüngere Menschen – ein beglückendes Erlebnis. Das relativ enge Zusammenleben setzt in der Regel voraus, daß die Beteiligten einander gut kennen und schätzen gelernt haben. Wir haben gute Ergebnisse gesehen, wenn Laienhelfer ihren Schützlingen auch diesen Familienanschluß gewährten.

Gemeinsame Ausflüge und Feiertage. Schon ein Wochenendausflug bedeutet für einen einsamen Großstadtmenschen – zumal, wenn er etwa noch gehbehindert ist – ein Fest. Mancher Laienhelfer konnte mit einer Einladung zu einer Autofahrt so viel Freude spenden, daß es dazu viel mehr Willige und am besten eine zentrale Vermittlungsstelle geben sollte.

Wir haben zu Weihnachten 1956 einmal durch die Presse aufgerufen, alle Familien sollten sich melden, die einen Weihnachtsgast aufzunehmen bereit wären, aber auch alle Einsamen sollten sich melden. Nach dem Austausch von mehreren tausend Adressen blieben rund zehn Familien ohne Gäste übrig.

d) *Vorbildliche Beispiele für die Entlassung von Hilfsbedürftigen in die volle Selbständigkeit*

Eine der wichtigsten und schwierigsten Aufgaben für jeden Helfer ist äußere und innere Ablösung von dem Hilfsbedürftigen. Manche Mütter, denen es zu schwerfällt, sich rechtzeitig von ihren Kindern zu trennen, bieten negative Beispiele (vgl. S. 32). Schon während einer Betreuung sollte ein Laienhelfer möglichst wenig aktiv führen und statt dessen in einer Art Arbeitsgemeinschaft den Ratsuchenden so früh als möglich zu eigenständigen und reifen Entscheidungen anleiten (vgl. hinten S. 130).

Etwa drei Viertel der Ratsuchenden in unserer Telefonseelsorge rufen in einer akuten Verzweiflung an. Werden sie in dieser Lage „aufgefangen“, so ändern sich meist in wenigen Wochen entweder die Umweltbelastungen, oder die Tragfähigkeit wächst. Nicht immer aber ist es möglich und notwendig abzuwarten:

„Überschreiben Sie Ihrem Mann bei einem solchen Risiko nicht sofort Ihr Vermögen, sondern gehen Sie zu einem Rechtsanwalt, wenn er Sie so bedrängt, wie Sie es schildern!“

Auch kurz nach dem Tod von Angehörigen brauchen Leidtragende den Zuspruch eines echten Trostes, da die eigene Tragkraft noch nicht ausreicht.

Auf längere Sicht hin aber bleibt es die Hauptaufgabe des Laienhelfers, sich selbst überflüssig zu machen, was nicht im Gegensatz zu fortdauernden lockeren freundschaftlichen Beziehungen steht.

„Fünfmal haben wir jetzt miteinander besprochen, wie Sie Ihr Wochenende weniger einsam verbringen können. Wie wäre es, wenn Sie dieses Mal sich selbst einen Plan zurechtlegten? Am Montag können Sie dann wieder anrufen und berichten!"

Insgesamt also gilt es, die objektiven Grenzen der Laienhilfe und die subjektiven Grenzen der Laienhelfer klar zu sehen – aber nicht, um dann die Laienhilfe zu verurteilen, sondern um sie mit ihrem unentbehrlichen und unersetzlichen Wert zielstrebig und fruchtbar einzusetzen.

III.
Die verschlossenen und die angemaßten Aufgabenbereiche für „Laienhelfer“

A) Durch äussere Hindernisse und innere Hemmungen verschlossene Aufgabenbereiche

1. Aus objektiven Gründen verschlossene Gebiete

a) Undurchführbare Wünsche

Die heute viel geschmähte öffentliche Ordnung mit ihren Gesetzen bewahrt Helfer und Hilfesuchende vor einem zu kurzsichtigen und kurzfristigen Durchsetzen der eigenen Ziele.

Die 70jährige verzweifelte Mutter eines 33jährigen „chronisch Nervenleidenden“ ruft an, weil ihr das einsame Leben ohne ihren einzigen Sohn untragbar ist. Beide haben nur einen Wunsch, wieder gemeinsam zu Hause zu wohnen.

Da die Mutter außerdem selbstmordgefährdet ist, liegt für den unvorgebildeten Laienhelfer der voreilige Rückschluß nahe: die sofortige Entlassung des Sohnes wäre die beste Hilfe. Genauere Rückfragen ergeben: der Sohn steht unter Pflegschaft. Sein körperlicher Zustand wegen eines schweren Leberleidens und der seelische – in unkontrollierbaren Wutausbrüchen hat er schon mehrfach erhebliche Schäden an Personen und Sachen verursacht – machen seine Entlassung unmöglich. Die Mutter, selbst bettlägerig krank, wäre zur Pflege ohnehin unfähig und dabei völlig überfordert.

Die Laienhilfe liegt hier im Betreuen beider Kranker und darin, ihnen die Notwendigkeit dieser Trennung verständlich zu machen.

Bei Besuchen in verschiedenen Strafvollzugsanstalten erlebte ich immer wieder die Überzeugung von Gefangenen und Laien, teils Angehörigen, teils Sozialhelfern, die mit Abstand wirksamste Hilfe sei die sofortige Entlassung der Gefangenen aus der Haft. Eine solche Hilfe aber – selbst *falls* sie richtig wäre – ließe sich schon deshalb nicht durchführen, weil Laienhelfer nicht eine rechtskräftige Verurteilung aufheben können.

b) Selbstverständlich unerreichbare und utopische Pseudoziele der Laienhilfe

Ein Beispiel macht karikierend deutlich, wie unmöglich und gefährlich eine Laienhilfe bei gesundheitlichen Gefahren wäre:

Niemand wird auf den Gedanken kommen, zu einem Bekannten zu sagen: „Du hast Bauchschmerzen auf der rechten Seite? Das ist der Blinddarm! Der muß heraus, und das ist nicht schwierig. Im Fernsehen habe ich genau dabei zugeschaut. Wir brauchen zunächst eine Narkose. Dazu habe ich eine Kognakflasche, die erst einmal getrunken und notfalls auch äußerlich angewendet werden kann. Mein Taschenmesser ist scharf, und wir können es zuvor noch auskochen. Der Küchentisch steht bereit. Willst du dich drauflegen?"

Hier läge die Verantwortungslosigkeit offen zutage. In anderen Bereichen wiegen die Gefahren kurpfuscherischer Hilfe nicht minder schwer; doch trauen sich manche Laien ähnlich vermessene Eingriffe zu, ohne zu ahnen, was sie tun. Manche Laien nennen und üben Formen der Meditation oder Hypnose, die in Wahrheit seelische Operationen von bedenklicher Tragweite darstellen.

Andere Laien fühlen sich zu einer sogenannten Sexualerziehung bei Kindern berufen und berechtigt, die in Wahrheit als Sittlichkeitsverbrechen zu bezeichnen ist, wie Christa MEVES es in ihrem Taschenbuch „Manipulierte Maßlosigkeit" (S. 88ff.) mit erschütternden Beispielen berichtet.

c) Durch mangelnde Kenntnisse und Fähigkeiten oder durch überfordernde Aufgaben verschlossene Bereiche

Wer zur Hilfe berufen und fähig ist, das wird vielfach nicht durch die allgemeine Bezeichnung Fachmann oder Laie entschieden, sondern mehr noch innerhalb der Laienkreise durch den Grad der Fähigkeiten oder der Ausbildung in „Erster Hilfe", die nicht länger auf körperliche Gefahren beschränkt bleiben dürfte.

Manche Aufgaben des Helfens überfordern meist schon deshalb den Fachmann, weil Einsicht und Bereitschaft des Leidenden fehlen und weil Zwangsmaßnahmen aus guten Gründen fast niemals erlaubt und möglich sind. Laien sehen sich z.B. bei unkorrigierbaren Wahnvorstellungen von Schizophrenen vor einem fast unlösbaren Problem.

Am 10. Mai 1970 rief kurz vor Mitternacht in äußerster Erregung ein 29jähriger berufsloser Mann an:

„Hier ist eine riesige Spinne im Zimmer, die will mich fressen. Ich habe solche Angst. Können Sie mich nicht schützen. Vor der Tür steht der Teufel und will, daß ich ihm meine Seele verschreibe. Er will mich zur SS pressen. Gestern erst hat er mich in ein Pferd verwandelt. Jetzt soll ich ein Stier werden – und mein Vater will mich ermorden. Ich habe solche Angst..."

Eine wirksame Hilfe bei so blühenden schizophrenen Halluzinationen ist nur von Medikamenten in einer psychiatrischen Fachbehandlung, wahrscheinlich in einer Klinik, zu erwarten.

Nur in engen Grenzen war bei diesem Anrufer von der Seelsorge her ein Kontakt möglich. Als der Mann unflätig auf die Kirche schimpfte, nochmals aber von seiner Angst vor dem Teufel sprach, räumte er ein: „Ja, Jesus Christus kann mich schützen, aber der hat mit der Kirche nichts zu tun."

Eine Einladung zum Psychiater lehnte dieser Mann, wie viele andere in ähnlicher Lage, ab.

Auf allen Gebieten hängt Laienhilfe von Einsicht in die eigenen Grenzen und von der Leistungsfähigkeit ab.

d) Äußerlich verschlossener Zugang

Hilfswillige Laien finden sich häufig buchstäblich vor verschlossenen Türen. Äußerste Zurückhaltung ist am Platz, angeblich Gefährdete etwa auf Bitten von Angehörigen oder anderen Außenstehenden zu besuchen. Ist gar die Haustür verschlossen und endlich ein Portier gefunden oder ein Mitbewohner öffnet, dann empört sich oft hinter der Wohnungstür eine abweisende Stimme: „Was wollen Sie denn von mir? Lassen Sie mich doch in Ruhe. Ich habe Sie doch nicht bestellt!"

So lautet die Grundregel: Hilfesuchende müssen sich selbst melden, und Hausbesuche erscheinen – von fürsorgerischen Ausnahmen abgesehen – nur sinnvoll, wenn die Hilfsbedürftigen nicht selber kommen können.

Seit 20 Jahren freuen wir uns täglich einerseits über die Anteilnahme von Freunden und Angehörigen an den Nöten ihrer Umgebung. Andererseits müssen wir fast stets die Antwort erteilen: „Veranlassen Sie bitte, daß der Betreffende sich selbst hier meldet." Ausnahmen bilden z. B. gehemmt Depressive.

Bei offenkundiger Lebensgefahr sind jedoch besondere Schritte erforderlich. Ein Beispiel typisch für mehrere ähnliche berichtet unser Protokollbuch aus dem Herbst 1969:

Um 22.05 Uhr meldet sich ein junger Mann aus einer Berliner Eck-Kneipe: „Ich habe meine Brieftasche und meine Braut verloren – jetzt will ich nicht mehr leben ... ich schneide mir die Pulsadern auf." Der Mann ist nicht bereit, Namen und Anschrift zu nennen, auch ist er wegen einer lauten Musikbox kaum zu verstehen. Er folgt aber der dringenden Einladung, noch einmal aus einer Telefonzelle anzurufen (22.11 Uhr). Im Laufe des zweiten, längeren Gespräches biete ich ihm einen Hausbesuch an. Er nennt schließlich den Namen seiner Wirtsleute und die Straße, verschweigt aber weiterhin Hausnummer und den eigenen Namen. „Sie finden mich ja doch nicht; außerdem bin ich längst tot, ehe sie kommen." Damit hängt er ab. – 22.25 Uhr. Das Telefonbuch verrät die genaue Anschrift der Wirtsleute. Dort meldet sich jedoch niemand. Das zuständige Polizeirevier rät: „Wir kommen auch nicht rein, rufen Sie die Feuerwehr an." Dort fahren die äußerst verständnisvollen Beamten sofort los, behalten per Funktelefon Verbindung und berichten: „Jetzt sind wir vor dem Haus; die Tür ist zu, der Kollege bricht sie jetzt auf. Bitte legen Sie auf, wir melden uns wieder." 23.36 Uhr, drei Minuten später ruft der gleiche Beamte: „Wir sind in der Wohnung. Hier sind sechs Personen feucht-fröhlich beim Kartenspiel, der Fernseher läuft, aber das Zimmer von dem Untermieter ist leer. Hier ist niemand." „Bitte suchen Sie weiter! Er hat so bestimmt gesagt, er geht nach Hause", bitte ich.

„Können wir noch Küche und Badestube sehen?" fragt der Beamte die Wirtsleute. Aus dem Hintergrund ist am Telefon zu hören: „Hier läuft ein Wasserhahn", und kurz darauf der Ruf: „Hilflose Person gefunden! Der Mann ist verletzt!" Die Männer transportieren den Bewußtlosen auf der Bahre in ihren Wagen und sofort ins Krankenhaus. Dort erhält er wegen des erheblichen Blutverlustes sofort eine Transfusion. Die Beamten erfahren noch: „es war höchste Zeit."

Später ließ sich zwar der Inhalt der Brieftasche ersetzen, die Braut aber nicht.

Schon in den ersten Tagen unserer Telefonseelsorge hat eine bettlägerige, querschnittgelähmte Laienhelferin 1956 in ganz ähnlicher Weise durch die vom Bett aus alarmierte Feuerwehr einem Sterbenden das Leben gerettet. Als dieser Mann nach seiner Entlassung aus dem Krankenhaus zur Sprechstunde an das Bett der Gelähmten trat, hat ihm das Beispiel dieser lebensfrohen (ehemaligen) Fürsorgerin neuen Lebensmut vermittelt.

In aller Regel also bilden äußerlich verschlossene Türen ein Hindernis für jede Laienhilfe, bei Lebensgefahr können auch Laien die Feuerwehr zu Hilfe rufen.

2. Aus subjektiven Gründen verschlossene Gebiete

a) Innerlich verschlossener Zugang

Fast jede Hilfe besteht in einer Arbeitsgemeinschaft. Ohne ein Mindestmaß aktiver Mitwirkung des Hilfsbedürftigen mühen sich die Helfer vergeblich. Wer nur deshalb erscheint, weil irgendeine Autoritätsperson oder der Partner es verlangen, wer nicht richtig nachdenken, wahrheitsgemäß berichten, nicht notwendigen Ratschlägen folgen, wer nicht Medikamente einnehmen oder gesundheitliche Lebensgewohnheiten abstellen *will* (z. B. bei manchen Krankheiten Rauchen oder Trinken), dem ist nicht zu helfen.

Mißtrauen verschließt den inneren Zugang. Es kann krankhaft bedingt sein, dann ist viel Geduld nötig. Es kann jedoch aus hochmütigem Besserwissen stammen.

„Also, Herr Doktor, Tabletten nehme ich grundsätzlich nicht; ich möchte mit Hypnose behandelt werden und mit Psychotherapie; die Tabletten sind doch nur Gift." Hinter solchem Argwohn mag ein berechtigtes Mißtrauen gegen das häufige „Zuviel" an chemischen Mitteln liegen. Andererseits sage ich unbelehrbaren Patienten bald: „Bitte, behandeln Sie sich dann selbst; Ihnen kann ich nicht helfen; draußen warten aber noch mehrere, die Rat und Medikamente gerne annehmen; bitte, geben Sie denen Ihren Platz, auf Wiedersehen!" Mehr als die Hälfte ist daraufhin bereit, sich helfen zu lassen.

Ähnlich bestimmt lehnen unsere Laienhelfer die Wünsche nach wiederholten langen „Klagegesprächen" ab, wenn die Anrufer offenbar depressiv sind und sich weigern, zum Arzt zu gehen.

Fürsorgliches Eingehen brauchen hingegen jene, die gutwillig, aber in Irrtümern befangen sind. Häufig hörte ich – auch an Laienhelfer – die vermeintlich frommen Einwände herantragen: „Ich will doch nur Jesus vertrauen und nicht Medikamenten oder Ärzten." Kundige Seelsorge muß einsehen lehren, daß Jesus meist durch die Ärzte heilt.

Vereinfacht ausgedrückt: Ist der Zugang für die Hilfe durch Irrtümer verschlossen, so sind sie zu berichtigen; festgefügte Wahnvorstellungen dagegen bleiben unbeeinflußbar.

b) Fehlendes Vertrauen

Grundlage jeder Hilfe aber ist das Vertrauen zu Fachleuten wie zu Laienhelfern. Wer wohlbegründetes Vertrauen untergräbt, wie es heute verbreitet durch eine gewissenlose billige Propaganda geschieht, der schadet den Hilfsbedürftigen schwerstens.

Verbreitete menschliche Schwächen machen auch vor den grundsätzlich edlen Absichten der Laienhelfer nicht halt. Eifersüchteleien bis hin zu handfester Eifersucht lassen einen Helfer in den Augen des anderen herabsetzen. Wenn dies vollends vor einem Hilfesuchenden oder ihm gegenüber geäußert wird: „Kommen Sie mal zu mir, meine Kollegin weiß das nicht richtig", dann wird ebenfalls kostbares Vertrauen untergraben.

Immer wieder wird schon bei diesen Beispielen die wichtigste Grundlage für Laienhilfe deutlich: die Charakterhaltung des Helfers.

c) Gesunde und krankhafte Hemmungen

Oft werden alle Hemmungen – im sexuellen wie im gesundheitlichen Bereich – als krankhaft verfemt. Doch gibt es auch eine sehr gesunde Scham und Zurückhaltung, die Ratsuchende hindert, sich mit ihren persönlichen Nöten einem Laien oder Fachmann aufzuschließen. Nicht so sehr die – bei Psychoanalytikern noch immer beliebte – Forderung: „Sie *müssen* aber alles erzählen", sondern die eigene Offenheit löst dem Gehemmten am ehesten die Zunge. Besonders aufmerksam aber müssen wir prüfen, ob Hemmungszustände nicht ihren Grund in einer Depression haben, die ärztlicher Behandlung bedarf.

Ausgebildete Helfer wissen jedoch nicht nur von depressiven Hemmungen, sondern auch von der verbreiteten Scheu, über die oft ursächlichen und zentralen sexuellen Probleme zu sprechen.

Bei unseren Mitarbeitern, gerade auch den Laienhelfern, hat sich folgendes Vorgehen bewährt: im persönlichen wie telefonischen Gespräch sagen sie bei entsprechender Vermutung, wenn sich die Hemmungen nicht anders überwinden lassen: „Darf ich Ihnen eine offene und sehr direkte Frage stellen, auf die Sie keineswegs zu antworten brauchen:

Haben Sie eine Freundin neben Ihrer Frau? oder
Sind Sie impotent und leiden Sie darunter? oder
Haben Sie noch sexuelle Beziehungen zu Ihrer Frau?" –

Während diese Fragen fast stets als befreiend erlebt werden und unmittelbar zu den zentralen Anliegen führen, bringt eine andere – gerade bei fehlenden Hemmungen – fast stets das sinnvolle, aber vom Anrufer nicht gewünschte Ergebnis: „Erzählen Sie diese sexuellen Geschichten, nur um sich zu erregen? Dafür ist die Telefonseelsorge nicht bestimmt. Übrigens – haben Sie mir dasselbe schon vor einer Woche berichtet!" Immer wird dann sofort aufgelegt.

B) Aus Unkenntnis, Gewinnsucht oder unlauterer Absicht angemasste Aufgabenbereiche

1. Heilpraktiker und Kurpfuscher

a) Heilpraktiker

Als einzelne Menschen habe ich unter Heilpraktikern ehrenwerte Persönlichkeiten kennengelernt, allen voran den als „Wunderheiler" bekannten Steinmeyer (†) in Hahnenklee, der vor fast zwei Jahrzehnten an der Spitze des Deutschen Heilpraktiker-Verbandes stand.

Insgesamt müssen jedoch schwerste Bedenken laut werden, daß Deutschland als einziger Kulturstaat einen Berufsstand zuläßt, der fast ohne Ausbildung das Recht erhält, an einem kostbaren Wert, der Gesundheit, zu wirken. Mit einem winzigen Bruchteil des ärztlichen Wissens darf er sogenannte Diagnosen stellen, für die ihm alle Grundlagen fehlen. Dazu bedient er sich entweder nachgewiesen unzutreffender Methoden, z. B. der Augendiagnose, oder völlig allgemeiner und darum nichtssagender Begriffe wie Entschlackung, Blutreinigung usw.

In der Therapie sind ihm zwar Grenzen gezogen: so darf er z. B. Krebs oder Geschlechtskrankheiten nicht behandeln; aber wenn er sie gar nicht erkennen kann, so macht er sich schuldig, weil er diese Patienten nicht oder nicht rechtzeitig zum Arzt schickt. Das Überweisen zum Arzt ist ohnehin die einzige Tätigkeit der Heilpraktiker, die ich als gerechtfertigt ansehen kann; dazu bedarf es keines besonderen Berufes.

Immer wieder werden wir Zeugen gesundheitlicher Schäden, wenn Heilpraktiker z. B. Hypnose oder Autogenes Training anwenden. Entweder sie ahnen nicht, mit wie unzulänglichen Mitteln sie Krankheiten behandeln. Oder sollte ein Heilpraktiker zwar das Ausmaß seiner Verantwortung erkennen, aber um seiner Neigung oder um des Gewinnes willen auf den Beruf nicht verzichten wollen? Dann wären es eigensüchtige Gründe.

Heilpraktiker sind keine Fachleute, als Laien aber scheiden sie aus dem Kreis möglicher Mitarbeiter und Helfer aus, weil ihre Berufswahl einen Mangel an Urteilsvermögen, Verantwortung, Grenzerkenntnis und Bescheidenheit zum Ausdruck bringt, der sie ungeeignet macht.

b) Scharlatane und Wunderheiler

Aus ähnlichen Gründen müssen Kurpfuscher, Scharlatane und Wunderheiler jeglicher Prägung ausscheiden, auch wenn deren Tätigkeit und Problematik hier nicht abgehandelt werden kann.

Viele „transzendentale“ und andere Meditations- und sogenannte Yoga-Lehrer gehören zu dem gleichen Kreis „illegitimer“ Haupt- oder Nebenberufe, die als angebliche Helfer auftreten.

Wahrsager und Zauberer kommen nicht nur als harmlose Varieté-Unterhaltungskünstler vor, sondern auch als gefährliche „Parasiten des Aberglaubens“, die aus der Unkenntnis von Geängstigten und Kranken Kapital schlagen.

Astrologen und Kartenleger sind ihnen vielfältig verwandt. Hier bietet sich ein weites, noch unentdecktes Feld für wahre, soziale Tätigkeit an, wenn nämlich gerade die minderbemittelten Gut- und Leichtgläubigen vor der Habgier solcher Ausbeutung an der Grenze des Betruges zu schützen sind.

2. „Laienpsychotherapeuten"

a) Teilkenntnisse von Fachleuten anderer Gebiete und ihr unzureichender Einsatz

Seit über 50 Jahren streiten zwei wohlbegründete Standpunkte miteinander, ob Psychotherapie durch Nichtärzte ausgeübt werden dürfe. Der Mangel an Psychotherapeuten – Schätzungen meinen mindestens 5000 bis 10000 Behandlungsbedürftige je ärztlichen Psychotherapeuten – ließ schon Sigmund FREUD fordern, Akademiker als „Laienanalytiker" unter ärztlicher Aufsicht zur Psychotherapie zuzulassen (vgl. S. 11).

Vor etwa 20 Jahren hat sich eine strengere Auffassung angesichts der Verantwortung und der üblichen Verbindung zwischen seelischen und körperlichen Krankheiten durchgesetzt, nämlich daß in die Ausbildungsinstitute für Psychoanalyse nur Vollmediziner aufgenommen werden. Inzwischen haben sich diese strengen Vorschriften wieder gelockert, mindestens sind mir zahlreiche „Laienpsychoanalytiker" bekannt.

Hier haben sicher beide Standpunkte ihr Recht, auch wenn ich mich persönlich zu der strengeren Auffassung bekenne. Als Begründung ist vor allem auf die häufige Verbindung zwischen neurotischen und depressiven Erkrankungen hinzuweisen. Depressionen aber bedürfen – oft zugleich mit der Psychotherapie – einer wirksamen Behandlung durch Medikamente, die nur ein Arzt verschreiben und in ihrer Wirkung verfolgen kann.

In den letzten dreißig Jahren hat die Überzeugung zugenommen, daß die Psychoanalyse keineswegs die einzige Psychotherapie ist. J. H. SCHULTZ kämpfte um die Anerkennung auch der „kleinen" Psychotherapie, die er später als „aktiv-klinische Methoden" bezeichnete und die wir heute gern „allgemein ärztliche Methode der Psychotherapie" nennen.

Die drei Hauptformen dieser Therapie sind: Autogenes Training, Hypnose und das ärztlich beratende Gespräch (z.B. in Sexualfragen). Gerade J. H. SCHULTZ setzte sich leidenschaftlich dafür ein, daß nur Ärzte mit diesen Methoden arbeiten dürften.

In den letzten 50 Jahren sind über 100 weitere psychotherapeutische Heilverfahren höheren oder geringeren Wertes eingeführt worden. Sie reichen von den verschiedenen Verfahren der Gruppentherapie über die Selbstanalyse, die Bilderschau-Methoden und das „Ur-Schrei-Verfahren" bis hin zur sogenannten „Transaktions-Analyse". Manche dieser und viele andere Verfahren gelangen in den Händen kluger und besonnener Fachleute zu nicht geringer Bedeutung. Oft aber werden sie in ihrem Wert absolut gesetzt.

Zunehmend bemühen sich nun Psychologen, Sozialarbeiter und Angehörige anderer Berufe, solche Methoden zu erlernen und anzuwenden. Mag dann der sogenannten Gesprächstherapie, die TAUSCH aufgrund der Arbeiten von ROGERS entwickelte, in der Hand von (ausschließlich dafür zugelassenen) Diplompsychologen nach mehrjähriger Ausbildung in enger Zusammenarbeit mit Ärzten ein nicht geringer Wert zukommen, so bleiben doch die Grenzen zu recht bedenklicher Laien-Therapie fließend:

Unmittelbar vor der Niederschrift dieser Zeilen rief ein junger Pfarrer an: „Ich bin jetzt mit meinem Kursus für Transaktions-Analyse fertig. Sie haben doch so viele Patienten, können Sie mir nicht welche schicken?" Auf weiteres Befragen berichtete er: „Selbstverständlich arbeite ich unter ärztlicher Aufsicht. Mein Arzt wohnt in der Bundesrepublik, und ich schicke ihm dann die Tonbänder der Gespräche mit meinen Klienten."

Ein anderer katholischer Geistlicher, der an mehreren Kursen für Autogenes Training teilgenommen hatte, hält seit einigen Jahren selbst Kurse ab und berichtet dort wahrheitswidrig, J. H. SCHULTZ habe ihm dafür eine Sondererlaubnis erteilt.

Während hier noch Grenzüberschreitungen durch Fachleute anderer Bereiche vorliegen, führen die Minimalkenntnisse völliger Laien zu noch schwereren Schäden.

b) Pseudokenntnisse aus Illustrierten und ihr Mißbrauch durch Laien

Einerseits hat gewiß ein breiter Kreis der Öffentlichkeit einen Anspruch auf Information über seelische Erkrankungen und ihre Heilung; andererseits dürfen aber keinesfalls Laien zu einer Behandlung ermutigt werden.

Ein Ehemann bringt seine Frau und eine Anzahl von Illustrierten- und Zeitungsausschnitten über Hysterie: „Meine Frau ist hysterisch. Ich habe schon, wie das hier steht, alles versucht mit kalten Wassergüssen und strengen Ermahnungen ‚auf Abstand', daß sie sich zusammennehmen soll, und ich habe sie mit Nichtachtung bestraft. Aber sie spielt immer noch Theater." – In Wahrheit handelte es sich um eine bedauernswerte schizophren Kranke, die besonders freundlicher Anteilnahme und Begleitung bedurfte. Der Ehemann konnte nur schwer einsehen, daß seine Frau nicht hysterisch sei und daß die Behandlung in ärztliche Hand gehöre. „Hier steht's doch aber schwarz auf weiß, was meine Frau hat!"

c) Hypnose und Autogenes Training durch Laien

Anrufer im J.-H.-SCHULTZ-Institut für Psychotherapie, ärztliche Hypnose und Autogenes Training erbitten fast täglich hypnotische Behandlungen mit der Begründung: „Ich bin (oder er ist) schon so viele Jahre ohne Erfolg in ärztlicher Behandlung, jetzt kann nur noch die Hypnose helfen." Eine solche irrige Laienvorstellung läßt sich meist durch Beratung richtigstellen, ohne daß ein Schaden entsteht.

Schwerer schon wiegen die Versuche von Laien, selbst Hypnose oder Autogenes Training einzusetzen:

Nachts um drei klingelt das Telefon: „Ich bin doch bei Ihnen im Kursus für Autogenes Training. Das habe ich zu Hause auch mit meiner Frau geübt, heute abend zum ersten Mal die Herzübung. Seitdem hat sie panische Angstzustände. Sie weint immerfort, und an Schlafen ist gar nicht zu denken. Was kann ich nur tun?"

Ein 16jähriger Schüler hypnotisiert „zum Spaß" in einer Unterrichtspause eine gleichaltrige Schülerin nach einem Buch von BRAID. In der Hypnose bekommt sie einen Schreikrampf, der anhält, bis ich nach drei Stunden aus dem Dienst zu ihr geholt werde und sie in einen voll wachen Bewußtseinszustand zurückrufe.

Hier ist keineswegs zu leugnen, daß weise Frauen – als Laien – erfolgreich Warzen (wesentlich seltener schon Gürtelrose) besprechen können. Wieviel mehr noch wären kundige Ärzte zu solcher hypnotischer Behandlung berufen ohne die Gefahren der Laienhypnose.

Noch ernster werden die Einwände, wenn in einer fremd-hypnotischen Behandlung Laien oder Jahrmarktschausteller eine enge seelische Verbindung zu einem Patienten herstellen und ihn mehr oder minder gewaltsam zu Berichten oder Handlungen veranlassen, die den Patienten in Spannungen und inneren Unfrieden führen.

Wenn auch – die oft behaupteten – Verbrechen in Hypnose nicht möglich sind, so spüren doch viele Patienten eine belastende Abhängigkeit von ihrem Hypnotiseur, der ein entsprechend behutsames ärztliches Vorgehen nur im Rahmen einer medizinischen Zusatzausbildung lernen kann. Von unverantwortlichen Experimenten der Unterhaltungshypnotiseure soll hier nicht im einzelnen die Rede sein.

3. Journalisten, die das Vertrauen zum Arzt untergraben

Bei allen Berufen kommen Mißgriffe vor. Fachleute in den helfenden Berufen im allgemeinen und Ärzte im besonderen heben sich aber durch Sachkunde, selbstlosen Einsatz, Fleiß und Hilfsbereitschaft heraus. In jüngster Zeit suchen verbreitete Presseartikel und neuerdings sogar Bücher, die wichtigste Grundlage für jede Hilfe zu zerstören: das Vertrauen.

Papier ist geduldig und die Kenntnis der wahren Zusammenhänge wenig verbreitet. Wenn Laien sich mit fragwürdigen Praktiken gegen Fachleute wenden, so schaden sie damit nur den Hilfsbedürftigen.

Besonders beliebt ist der Hinweis auf die Ärzte, die als „Honorarhyänen“ gebrandmarkt werden: „Ärzte haben ein Einkommen von 100000.– bis 200000.– DM im Jahr.“ Von diesem Bruttoeinkommen sind aber die Hälfte für Praxiseinrichtung, Miete, Sprechstundenhilfe usw. abzuziehen. Mindestens ein weiteres Drittel erhält das Finanzamt. Für viele Ärzte ist die 80-Stunden-Woche der Durchschnitt. Für wenige Mark führt noch heute der Land- und Kleinstadt-Arzt oft allnächtlich dringend oder zu Unrecht angeforderte Hausbesuche durch, wenn er doch oft seines Schlafes noch nötiger bedurft hätte als der Patient.

Als Endergebnis fand ich Berechnungen, nach denen der Geldaufwand für eine Autoschlosser-Stunde höher liegt als der Stundenverdienst eines Arztes, der noch den Vertreter für seinen Urlaub aus eigener Tasche bezahlen muß.

Am 28. November 1974 wurde in Köln ein „Deutscher Patienten-Schutzbund“ gegründet, dessen Initiator der unrühmlich bekannte Medizin-Journalist Kurt Blüchel ist. Solche Bestrebungen erinnern peinlich an die Zustände in den USA, in denen Patienten und ihre Juristen nur allzuoft und eifrig bemüht sind, aus den wirklichen oder häufiger noch vermeintlichen Fehlern eines Arztes Kapital bzw. eine Rente herauszuschlagen.

Professor H. Bürger-Prinz schildert in seinem Buch „Ein Psychiater berichtet“ ein erschütterndes Beispiel: Ein sensationeller Presseartikel hatte die psychiatrische Klinik wahrheitswidrig der Freiheitsberaubung beschuldigt und damit das notwendige Vertrauen untergraben. Mehrere Familien nahmen daraufhin ihre kranken Angehörigen nach Hause. Dort begingen sieben dieser Patienten, des Schutzes und der Behandlung der Klinik beraubt, Selbstmord (a.a.O. S. 161).

4. Geschäftsleute, die wertlose Produkte vertreiben

Auf zahllosen Wegen preisen geschäftstüchtige Veranstalter oder Versandhäuser ihre Artikel zur Gesundheits- und Schönheitspflege an. Werbeveranstaltungen (oft mit Filmvorführung oder Ausflügen) bieten zu vielfach überhöhten Beträgen Antirheumawäsche oder -decken, Schönheitscremes oder -seifen, Kräftigungsmittel oder Blutreinigungstees an.

Aus einem Prospekt (der Fa. Felix HEINE in Karlsruhe 2/74) stammen die folgenden Reklamebeispiele: eine Wasser-Massage-Bürste (DM 49.80), verschiedene Kräuter-Badesalze (DM 32.50), ein Warmluftkamm (DM 36.80), vor allem aber die Naturkosmetik des französischen „Naturheilers" Maurice MESSÉGUÉ. Die „Schlankheitsbäder" (DM 80.–) entfalten ihre Wirkung nur durch den Flüssigkeitsverlust des Schwitzens, lassen sich also genauso mit reinem, warmem Wasser erreichen. Doch wird dieser scheinbare Gewichtsverlust sofort durch Trinken ausgeglichen. Die „Anticellulite-Creme" wird für DM 40.–, die „Schlankheitsseife" für DM 9.50 angepriesen, von allen sonstigen angeblichen Schönheitsmitteln zu schweigen. Ich habe Grund, den Preis um das 10- bis 20fache überhöht anzunehmen und die angebliche, besondere Wirksamkeit ebenso zu bezweifeln wie bei allen Haarwuchsmitteln.

Der gleiche Prospekt bietet ein „Slim-Slender-Gesichtsmassage-Gerät für DM 158.– an, einen Büstenaktivator für DM 129.– und einen „Elektronischen Schlankheitsaktivator" für DM 198.–. Der „Schlank-Gürtel" ist dagegen schon für DM 27.50 zu erhalten. Dafür lädt der Votalion-Generator „Moleküle" auf, die er für DM 348.– in Zick-Zack-Bahnen hin- und herschießt. Nach den heute vorliegenden wissenschaftlichen Erkenntnissen müssen alle diese Mittel und Apparate als völlig nutzlos gelten. Noch immer finden auch Zeitungsanzeigen, die eine Zunahme der Körper-, Muskel- oder vor allem der Büstengröße versprechen, unwissende Menschen, die ihr Geld für unwirksame Mittel ausgeben.

Wir brauchen dringend einen Schutz der Bevölkerung vor der Fülle von Firmen, die oft genug zusätzlich Heilwirkungen versprechen. Sie preisen ihre Pseudohilfe vorwiegend für Kranke an, die sie schonungslos ausnützen.

In überaus verdienter Weise nimmt sich seit 1952 die „Zentrale zur Bekämpfung der Unlauterkeit im Heilgewerbe" dieser Aufgabe an. Sie stand früher unter der Leitung von Obermedizinalrat Dr. SCHÜPPERT, nach dessen Tode nimmt Dr. med. G. ROSE mit Unterstützung der Landesärztekammern diese Aufgabe wahr (Mannheim L 1, 1, Postfach 14).

Diese Zentrale beobachtet die Heilmittelwerbung,

leitet Beanstandungen aus der Bevölkerung an die zuständigen Behörden weiter,

erstattet die Gutachten,
klärt – auch durch Mitarbeit bei der Presse und den anderen Massenmedien – die Bevölkerung auf,
führt ein Archiv,
sammelt die einschlägigen Gesetze und Verordnungen,
studiert, verfolgt und sammelt die Literatur über Pendler, Scharlatane, Kurpfuscher, Wunderheiler, Hersteller und Händler von „Entstrahlungsgeräten“ usw.,
warnt die Bevölkerung und erstattet, falls nötig, Strafanzeige.

Außer den bereits genannten Beispielen hebt diese Zentrale hervor, wie häufig Säuglingsernährung, „Yoga-Kost“, Rheuma-, Stärkungs-, Vitamin-, Aufbau- und Kurmittel jeder Art zu extrem überhöhten Preisen mit irreführenden Bezeichnungen betrügerisch feilgeboten werden.

Laienhilfe muß sich von jedem Schwindlertum kurpfuscherischer Prägung deutlich distanzieren und so anerkennenswerte Bestrebungen wie die genannte Zentrale nach Kräften fördern.

IV.
Die offenen Aufgabenbereiche für „Laienhelfer"

1. Einige Hauptgruppen von Hilfsbedürftigen

Viele Gruppen von Leidenden warten auf Laienhilfe. Viele Laien aber sind nicht gewöhnt, auf die Menschen zu achten, die ihrer bedürfen.

Eugen ROTH hat in anderem Zusammenhang auf die tragikomische Situation hingewiesen, die auch für Laienhelfer gilt: nahe beieinander wohnen und grämen sich zwei Einsame, die miteinander glücklich sein könnten, aber sie kennen sich nicht. Auch Hilfsbedürftige und Hilfswillige finden nicht zusammen, weil sie nicht voneinander wissen.

Eine unvollständige Aufzählung einiger Gruppen unserer Ratsuchenden mag darum beitragen, daß wir mit offenen Augen Nöte erkennen, die auf Laienhelfer (zusätzlich zur Fachbehandlung) warten.

Außerdem nennen wir jeweils eine besonders wichtige Hilfe, wobei sowohl die Gruppen der Hilfsbedürftigen als auch die Arten des Beistandes einander überschneiden.

a) Akut und chronisch körperlich Kranke – *vorwiegend Pflege*
Im Rahmen einer familienähnlichen Nachbarschaftshilfe wie bei zuverlässigen und regelmäßigen Besuchen können und sollten befreundete oder fremde Laien das Betten, Waschen, die Zubereitung von Speisen und Getränken, vielleicht auch einfache Besorgungen oder Bestellungen für bettlägerig Kranke übernehmen. Mit das Wichtigste, die von Herzen freundlichen und anteilnehmenden Worte, dürften dabei nicht fehlen.

Wer wähnt, „für so etwas sind doch die Gemeindeschwestern da", der ahnt nicht die Wirklichkeit, in der die Schwestern innerhalb und außerhalb der Kliniken ihre Kräfte gern verzehnfachen möchten, um allen Anforderungen gerecht zu werden.

b) Körperlich und seelisch Behinderte, Gelähmte oder Blinde – *vorwiegend Rehabilitation*

Endlich hat sich die Erkenntnis durchgesetzt: Behinderte brauchen nicht in erster Linie eine ständige Versorgung in Anstalten, nicht falsches Mitleid und bleibende Abhängigkeit, sondern die Voraussetzung für selbständiges Leben und Arbeiten.

Manche – besonders der schwer körperlich und der geistig Behinderten – werden beruflich nicht oder nur begrenzt auszubilden sein und eine geeignete Tätigkeit kaum finden; doch selbst für Blinde gibt es heute schon zahlreiche Berufe (vom Musiker und Sekretär bis zum Weinschmecker und Rechtsanwalt), in denen sie dem Sehenden ebenbürtige Leistungen aufweisen.

Manch ein Betriebsleiter könnte – über das gesetzlich vorgeschriebene Maß hinaus – als Laie bei der Einstellung Behinderte bevorzugen oder berücksichtigen. Jeder sollte auf der Straße Behinderten den Überweg erleichtern oder an die zahlreichen täglichen Handgriffe und Verrichtungen denken, bei denen ein Behinderter einen voll Gesunden braucht.

Behinderte baten den Vorsteher eines Postamtes, im Rollstuhl Platz zu nehmen und von dort aus eine Briefmarke zu kaufen. Bald darauf wurde neben der Eingangstreppe eine schiefe Ebene angelegt.

c) Alte, Einsame, Gebrechliche – *vorwiegend Gemeinschaft*

Einerseits die höhere Lebenserwartung, andererseits das verständliche Streben der jungen Menschen, allein zu sein oder in der Bundesrepublik bessere Arbeitsbedingungen zu finden sowie das Aufhören der Großfamilien führen zu fortschreitender Überalterung, für die Berlin ein besonders ernstes Beispiel bietet. Hier ist jeder vierte Mensch älter als 65 Jahre. Altersheime können nur einen Bruchteil aufnehmen. Immer mehr alte Freunde sterben. In höherem Alter treten manche körperlichen Krankheiten gehäuft auf, andere, auch seelische Leiden, erscheinen erstmalig, etwa die verbreitete Alters- oder Involutionsdepression.

Öffentliche „Senioren-Programme“ versuchen von außen her, Abwechslung zu organisieren, nur zum kleinen Teil aber wird damit die wesentliche Not, die innere Einsamkeit, abgebaut.

Alte Menschen passen sich schwerer an und warten darauf, daß andere ihnen etwas Zeit und aufrichtige Anteilnahme an ihren täglichen kleinen oder großen Sorgen widmen und ihnen praktisch zur Hand gehen.

d) Leidtragende und Leidende – *vorwiegend Trost*

Rund eine Million Menschen sterben alljährlich in der Bundesrepublik und West-Berlin. Sie hinterlassen meist einen oder mehrere Leidtragende. Sind erst die Blumen auf dem Grabe verwelkt, dann pflegt niemand mehr nach ihrem Kummer zu fragen, in den sie sich vergraben und oft bis in eine krampfhafte reaktive Depression hineinsteigern. Die Traurigkeit mit dem Kreisen der Gedanken um die unwiederbringlich verlorenen Erinnerungen an den Gestorbenen macht solche Leidtragenden für ihre Umgebung nicht zu angenehmen Gesellschaftern.

Gewiß geht gesunde Traurigkeit mit fortschreitender Zeit zurück. Nehmen dagegen Kummer und Weinen, Schlafstörungen und Appetitlosigkeit – besonders morgens – zu, so ist an eine depressive Erkrankung zu denken. Wer bringt diese Leidtragenden zum Arzt? Wer kann die gesund Traurigen noch wahrhaft trösten, noch „weinen mit den Weinenden", und wer teilt ihren Kummer?

Die zahllosen weiteren Gründe für Leiden und Sorgen lassen sich hier nicht aufführen.

e) Unglücklich Verheiratete, Getrennte, Verlassene und Geschiedene – *vorwiegend „Divorcees anonymous"*

„Liebeskummer" ist ein häufiges ernstes und wegen seiner Selbstmordgefährdung nicht selten tödliches Leiden. Nicht viele können den inneren Verlust ihres Lebenspartners ertragen, ohne selbst bis an die Grenzen der Lebensfähigkeit erschüttert zu werden. Ein alter Kalendervers kleidet einen ähnlich tiefgreifenden Schmerz in Worte:

„Die schwerste Trennung ist der Tod noch nicht,
doch wenn die Menschen sich nicht mehr verstehen,
die doch im Leben miteinander gehen,
das ist das schwerste Leid, das Herzen bricht."

Nur allzu billig und verfehlt wäre es, in solcher Lage nach den angeblich Schuldigen zu suchen und sie anzuklagen.

Als wichtigste Hilfe lernten wir es kennen, wenn Laien die Betroffenen aus eigenen Erfahrungen über die Zeiten der Krise hinweg begleiteten und ermutigten. Fast immer, nach Monaten oder Jahren, läßt sich ein neuer Halt und Sinn, nicht selten auch ein neuer Partner für das Leben finden.

Da wir für solche Laienhilfe besonders die „glücklich geschiedenen" Frauen geeignet fanden, deren es nicht wenige gibt, nannten wir diesen Dienst – entsprechend den „Alcoholics anonymous" – „Divorcees Anonymous", Geschiedenen-Hilfe (vgl. S. 51).

f) Schlafgestörte – *vorwiegend zum Arzt und zum Autogenen Training verweisen und mit Lesestoff versorgen*

Schlafstörungen sind quälend und verbreitet, ein Arzt kann zahlreiche Ursachen unterscheiden und beseitigen (vgl. unter g). Schlaftabletten sind selten eine Dauerhilfe. Gesunder Lebensstil, Konfliktbereinigung, Freude und echte Seelsorge beseitigen viele Schlafstörungen und sind oft auch von „Laien" zu vermitteln.

Laien können auch auf ärztliche Kurse für Autogenes Training verweisen, das weit mehr als der Hälfte aller Schlafgestörten wieder eine gesunde, tiefe Ruhe beschert.

Sicher sollten Laien (auch in der Telefonseelsorge) nicht zur Nachtzeit den Schlafgestörten durch bloßes Geschwätz die Zeit vertreiben, und jeder Gedanke an eine nächtliche Telefonkette zwischen Schlafgestörten muß widersinnig bleiben. Wohl aber können auch Laien guten Lesestoff vermitteln, der die Nacht auf sinnvolle Weise verkürzt, und Schlafgestörte das Meditieren lehren (vgl. S. 86).

g) Lebensmüde, Depressive – *vorwiegend umfassende Betreuung*

Jede Selbstmordverhütung erfordert fachliche, besonders ärztliche Leitung mindestens in der Ebene der vielen ursächlichen seelischen Erkrankungen (vgl. S. 48). Schon in der zweiten Ebene der Konflikte können und sollten ausgebildete Laien mit die Gefährdeten beraten und begleiten. Vollends in der dritten Ebene der Werte und des religiösen Haltes sind Laien meist gute, geeignete Seelsorger.

h) Alkoholkranke und andere Abhängige *sowie deren Angehörige – vorwiegend „alcoholics anonymous"*

Laien sind mit Aufgaben der Ausheilung und Resozialisierung der Drogenabhängigen überfordert, besonders der Morphinabhängigen. Freilich hat bisher auch keine Hilfseinrichtung von Fachleuten befriedigende Ergebnisse gezeigt, und überall bewährte sich der tatkräftige Einsatz von Laien bei diesen Aufgaben als unentbehrliche Unterstützung.

In manchen Bereichen aber, insbesondere bei der Hilfe für Alkoholkranke, hat sich die Laien-Organisation der „anonymen Alkoholiker" mit ihrer Gruppentherapie besser bewährt als alle fachlichen Bestrebungen. Schon früher hat das „Blaue Kreuz" mit ganz ähnlichen Grundsätzen und den Möglichkeiten der Seelsorge (im Rheinland unter seinen Gründern SCHLUCKEBIER und FROHWEIN, in Berlin unter Oberstleutnant von KNOBELSDORFF) eine äußerst wirksame Laienarbeit aufgebaut.

i) Kinderreiche, überlastete Mütter – *vowiegend Hausarbeit*

Kinderreiche Mütter sind Schwerarbeiter, oft mit einem 12- bis 16-Stunden-Tag, zumal wenn der Haushalt nicht mit modernen elektrischen Maschinen ausgestattet ist. Krankheiten in der Familie oder gar eine neue Schwangerschaft stellen zusätzliche Anforderungen, so daß echte Notsituationen vorliegen. Lautstarke Rufe nach Emanzipation ändern das Los dieser Frauen kaum, und das natürliche Streben der gesunden jungen Mädchen wird auf Mann, Familie und Haushalt gerichtet bleiben.

Für ein freiwilliges Haushalts-Dienstjahr einzutreten und Laien aufzurufen, im Rahmen einer Nachbarschaftshilfe oder einer Organisation solchen Müttern mehr Entlastung und Erholung zu verschaffen, ist eine dringende und nicht ausreichend gewürdigte Aufgabe.

k) Arbeitslose, nicht „Ausgelastete" – *vorwiegend sinnvolle Beschäftigung*

Verbreitet ist eine Anspruchshaltung, als müsse jede Arbeit, insbesondere auch jede helfende Tätigkeit, bezahlt werden. Ein übersteigertes einseitiges Sozialdenken läßt nur nach Rechten, nach dem Empfangen, nicht nach der Voraussetzung, dem Helfen und Dienen, fragen. Junge Menschen nehmen heute schon die gesamte Schul- und Berufsausbildung, aber auch jegliche Betreuung im Krankheitsfall als kostenlose Selbstverständlichkeit hin, andererseits aber fragen sie bei erbetenen Hilfeleistungen: „Und was bekomme ich dafür?"

Solche Anspruchshaltung bedeutet Ausbeutung – nämlich der Fleißigen durch die Faulen. Soziale Gesinnung beginnt beim Tun, nicht beim Fordern.

Ganze Volkswirtschaften brechen heute an solcher Fehlhaltung zusammen.

Arbeitslose brauchen mehr als ihre Unterstützung: eine Anleitung, wie sie ihre brachliegende kostbare Zeit für andere einsetzen können.

Auch kinderlose Hausfrauen, die sich nicht ausgelastet fühlen und vielleicht schon vormittags dem Cafébesuch, dem Bridge- oder Canastaspiel nachgehen, sollten wissen, wie sie einen befriedigenden Einsatz für andere finden. Hier wird das Helfen rückwirkend zu einer Hilfe für die, über deren Freizeit noch das Wort „Langeweile" steht.

l) Schüchterne, Gehemmte, Kontaktgestörte – *vorwiegend Geselligkeit*

Häufig diskutiert ist das schwere Los der Strafgefangenen – weit weniger häufig das Schicksal der Opfer ihrer Taten. Nicht minder gefangen und eingeengt in ihren Ängsten – dagegen kaum beachtet und bekannt ist das Millionenheer der Schüchternen und Gehemmten, die – von Errötungsfurcht und Hemmungen geplagt – keinen Weg zu einem Partner finden. Jahre hindurch schwanken sie zwischen immer neuen Hoffnungen und Enttäuschungen, geraten gar in immer ernstere neurotische Symptome hinein, in Stottern, Schwitzen und der Platzangst.

Unsinnig wäre der Rat: „Sie müssen sich eben eine Freundin anschaffen oder wenigstens Tanzstunde nehmen." Viele würden das gerne tun; doch sie können es nicht.

Laien mit Verständnis für diese Lage könnten Schüchterne zwanglos einladen. Gesunde junge Menschen sollten sich der Gehemmten geduldig und freundlich annehmen und sie aus ihrem Gefängnis erlösen. Noch heute könnte dann ein Märchen wahr werden, in dem der Kuß einer Prinzessin einen Verwunschenen zu neuem Leben verwandelt.

m) Sterbende – *vorwiegend Seelsorge*

Leidenden an der Grenze ihres Lebens sollte jede Erleichterung zuteil werden, wie sie üblicherweise nur durch die ärztliche Behandlung und die Pflege in einer Klinik erreicht wird.

Andererseits wäre es ein verhängnisvoller Irrtum zu glauben, dort stünde in den letzten schweren Stunden dem Wanderer zur anderen Welt ein verständnisvoller, geduldiger Begleiter zur Seite, der seine Hand hält, der das Bedürfnis fast jedes Sterbenden nach einem tröstenden Gebet erfüllt und der ihm schließlich die Augen zudrückt. Die überlasteten Ärzte und Schwestern fühlen sich meist durch solche zeitraubenden Pflichten überfordert.

Gewiß kann nicht jeder Laie diese schwierige Aufgabe übernehmen; er müßte dazu seine eigene Angst vor dem Sterben überwunden haben und auf die unausweichliche Frage jedes Sterbenden nach dem ewigen Leben mit getroster, eigener Gewißheit antworten können.

Zu einer unvoreingenommenen Übersicht über die wichtigsten Aufgaben von Laien gehört aber auch ein Blick auf die letzten Stunden, in denen wir alle einmal nach einem Menschen voll Zuversicht und ansteckender Glaubenskraft Ausschau halten werden.

Die hier genannten Aufgaben sind keineswegs vollständig aufgezählt. Sie zeigen jedoch die Vielfalt der Tätigkeiten, etwas von ihrem Sinn und der Erfüllung des Lebens, sobald wir uns aus der Enge ich-bezogener Haltung befreien lassen und an dem Ergehen des Menschen neben uns anteilnehmen.

2. Einige Hauptgruppen von Tätigkeiten für „Laienhelfer"

a) Im Rahmen vorwiegend des besseren Erkennens und Verstehens: *zuhören, eventuell notieren, beobachten, innerlich vergleichen, zuordnen (im Sinn einer „Verdachtsdiagnose")*
nicht aber systematisch befragen, eine Vorgeschichte, Lebensgeschichte oder Befunde erheben, nicht ein abgeschlossenes Urteil geben, nicht werten und keine abschließende Diagnose stellen!
Oft wird ein Laie – z.B. am Telefon – den ersten Kontakt mit dem Ratsuchenden aufnehmen. Je weiter der Helfer in seiner Ausbildung fortgeschritten ist, um so eher wird er einem Übersichtsschema folgen und systematische Auskünfte zu sammeln suchen. So gerät er in Gefahr, nicht in erster Linie an den Hilfsbedürftigen und seine Not, als vielmehr an seine eigenen Erhebungen und deren Vollständigkeit zu denken; er wird vorschnell mit Fragen beginnen – und wären es die wichtigen Auskünfte über Alter, Beruf, Familienstand usw. Nur allzu schnell aber spürt der Gesprächspartner jedes Eingreifen in den freien Bericht über seine Sorgen als störend.

Viele Ratsuchende finden erst nach dem Überwinden schwerer Hemmungen das Vertrauen, das ihnen die Zunge löst. Darum bleibt für eine geraume Weile das schweigende, aufmerksame *Zuhören* ohne jedes Eingreifen Hauptaufgabe jedes Helfers. Fragen sollten höchstens den unterbrochenen Bericht ermutigend wieder in Gang bringen oder eine zum Verständnis notwendige Einzelheit ermitteln. Depressive z.B. sprechen oft so leise, daß mehrfach nach unverständlichen Wörtern geforscht werden muß.

Die schwere Kunst des aktiven und aufmerksamen, anteilnehmenden, aber keinesfalls neugierigen Zuhörens läßt sich durch Vorbild und Übung erlernen, wenn die Voraussetzung der selbstlosen Gesinnung vorliegt.

Zum *Verstehen* des Wortlautes muß das – meist schwierigere – des *Inhaltes* treten. Dieses Verstehen gilt auch in dem übertragenen Sinne: Der Ratsuchende muß sich angenommen fühlen. Kein ausgesprochener oder stummer Tadel darf ihn treffen: „Wie konnten Sie nur so etwas tun?!" Kein Geringerer als Jesus Christus selbst hat nachdrücklich jedes Richten verboten. Damit wird keineswegs jedes

Unrecht gutgeheißen. Wohl aber muß jeder Laienhelfer Verständnis gewinnen und zeigen für die Handlungsweise des Hilfsbedürftigen, den nur allzu häufig eigene – bewußte oder unbewußte – Schuldgefühle quälen.

Umstritten ist die Frage, ob ein Laienhelfer den Inhalt seiner Gespräche notieren oder gar auf Tonband aufnehmen sollte oder nicht. „Keinesfalls!" So lautet der Einwand von vielen: Das Vertrauen des Ratsuchenden müßte darunter leiden. Er fühlt sich – wie vor Gericht – mit seinen Aussagen protokolliert und wird dadurch unfrei. Andere verweisen auf das notwendig lückenhafte Gedächtnis, auf das Übersehen oder Überhören von bedeutungsvollen Einzelheiten.

Jahrzehnte der Erfahrung machen die Antwort leicht: Notizen bei telefonischen Gesprächen stören nicht und sind bei ausführlichen Beratungen notwendig. Die ersten Minuten eines persönlichen Gespräches sollten ebenfalls von schriftlichen Aufzeichnungen frei bleiben. Danach pflegen wir zu fragen: „Erlauben Sie, daß ich mir einiges aufschreibe? Sie haben so viel Wichtiges gesagt, das ich nicht vergessen möchte und zum Schluß gern vor Augen habe, besser vergleichen und raten zu können." Fünf unter 17000 nur haben diese Bitte abgelehnt.

Berichtet der Ratsuchende zu weitschweifig und zu unwichtig, so können einige Fragen ihn – etwa nach einer Viertelstunde – zu seinem Thema führen: „Da ich Ihre Hauptsorge noch nicht erkenne, versuchen Sie doch bitte, Ihren Bericht einmal von Ihrer gegenwärtigen Lage her zu sehen, dann kann ich besser verstehen, worauf Sie hinaus wollen."

Neben dem Inhalt der Mitteilungen verraten auch der Stil (im Sinne der Stilanalyse von A. Busemann), die Stimme und ihr Klang sowie die Atmung mit ihrer vorhandenen oder fehlenden Ruhe eine Fülle von Auskünften über den Ratsuchenden.

Beim persönlichen Gespräch lassen zudem Haltung und Kleidung, Mimik und Gestik auf die Persönlichkeit des Ratsuchenden schließen. Laien brauchen eine sorgfältige Ausbildung, ehe Beobachtungen dieser Art Rückschlüsse erlauben. Auch muß jedes Hinschauen im Rahmen aufrichtiger Anteilnahme erfolgen, keinesfalls als ein betontes Aufmerken.

Alles Beobachten aber bleibt wertlos, solange die Ergebnisse nicht zu gültigen Schlußfolgerungen führen. Das setzt Kenntnisse und Erfahrungen voraus, die das Verhalten des einen Ratsuchenden mit dem des anderen vergleichen und schließlich zu dem *Verdacht* einer bestimmten Krankheit oder Konfliktsituation führen. Nahe liegen dann Irrtum und Versuchung, als dürfe ein Laienhelfer bis zu verbindlichen Diagnosen fortschreiten. Ein *Verdacht* aber mag geäußert und im Laufe weiterer Betreuung und der fachlichen Untersuchung bestätigt oder verworfen werden.

Dankbar habe ich anzuerkennen: 98% aller Vermutungen, die meine Laien-Mitarbeiter in den letzten 20 Jahren als sicheren Verdacht geäußert haben, bestätigten sich bei der genauen Nachuntersuchung. Freilich geht eine mehrjährige Ausbildung den selbständigen Beratungen voraus.

Je sorgfältiger dabei die Grenzen zwischen den Beobachtungen, Rückschlüssen und Vermutungen der Laienhelfer einerseits und der fachlichen Diagnose andererseits gewahrt bleiben, um so fruchtbarer bewährt sich die Zusammenarbeit.

Laienhelfer leisten also qualifizierte intensive Arbeit. Fast rührend mutet die fast tägliche und vor allem nächtliche Erfahrung an, wenn Männer oder Frauen meist älterer Jahrgänge mit dem Anliegen anrufen (und dabei oft einen Laienhelfer nach 15stündiger Tagesarbeit aus dem Schlaf holen): „Ich möchte mich etwas mit Ihnen unterhalten" ... „Ich kann gerade nicht schlafen; Sie haben doch sowieso Dienst, dann sind Sie doch auch nicht so allein!"

Laienhilfe ist kein Zeitvertreib für Gelangweilte oder Schwätzer, sondern eine ernste, sachliche und wertvolle, von hoher, ethischer Verantwortung getragene Aufgabe.

Eine wichtige Aufgabe der Laienhelfer wird selten gesehen: das „differentialdiagnostische" *Erkennen*, welcher Fachmann für das jeweilige Anliegen am besten zuständig ist und wo die wirksamste Hilfe zu erwarten steht. Für die Mehrzahl der Ratsuchenden ist – mindestens anfangs – schwer einzusehen, ob mehr der Nervenarzt und Psychiater (mit seiner vorwiegend pharmakologisch-chemischen Hilfe – zumeist bei Depressionszuständen) berufen ist, ob eher ein Psychotherapeut verborgene, unverarbeitete Erlebnisse klären sollte oder ob ein Psychologe beim Lösen von Konflikten beizustehen hat. Auch der Seelsorger gehört zu den Mitgliedern eines Teams (vgl. S. 29).

Freilich ist die Mehrzahl der deutschen Seelsorger für diese ihre wichtigste Aufgabe nicht ausgebildet (vgl. S. 89). Eine Vorauswahl der Fachleute durch erfahrene Laienhelfer erspart manchen Irrweg und macht spätere Überweisungen überflüssig.

b) Im Rahmen einer vorwiegend fürsorgerischen Betreuung: *Einladungen aussprechen, telefonischen Kontakt pflegen, Hausbesuche durchführen, Briefe schreiben, pflegerische Aufgaben erfül-*

len, gemeinsame Spaziergänge unternehmen, evtl. mit dem Rollstuhl,
nicht aber amtliche Sozial- oder gar Kontrollmaßnahmen durchführen oder die Bedürftigkeit prüfen.

Die genannten Beispiele (vgl. S. 51 ff.) nachbarschaftlich-zwischenmenschlicher Hilfe für Einsame und Kranke sind hier durch weitere praktische Vorschläge zu ergänzen.

Neben einer Telefonseelsorge als einer zentralen Beratungsstelle haben sich mehr private telefonische Kontakte zwischen je einem Laienhelfer und einigen wenigen Ratsuchenden bewährt. Nicht zu jeder Zeit sind dann Gespräche möglich, wohl aber läßt sich eine ganz individuelle fernmündliche Begleitung durchführen, die auch konkrete Aufgaben der Menschenbildung, ja fast der Erziehung wahrnimmt.

Eine unserer Mitarbeiterinnen führt in diesem Sinne seit drei Monaten durchschnittlich zweimal in der Woche je ein $^3/_4$stündiges Telefongespräch mit einem anonymen Versicherungskaufmann und Betriebsleiter. Anfangs pflegte er sich ebenso allgemein wie in jeder Hinsicht undeutlich auszudrücken: „Ich habe Schwierigkeiten." Schwer fiel es ihm, seine Hemmungen zu überwinden, bis er mitteilte: „Schwierigkeiten in der Familie und im Beruf".

Endlich faßte er sich ein Herz und berichtete von dem Schicksal eines Kollegen, dessen Frau sich erst innerlich und dann auch äußerlich von ihrem Mann getrennt hatte. Das belastete auch ihn, da sie miteinander arbeiteten. Erst als ihm auf den Kopf zugesagt wurde: „Sind Sie es nicht selbst?" bejahte er und teilte seine ganze Ehenot mit.

Er lernte, vor den Telefongesprächen seine Fragen aufzuschreiben und dann deutlich zu sprechen. Aus ihrer Lebenserfahrung – nicht zuletzt als Ehefrau – riet ihm die Laienmitarbeiterin, aus seiner Zurückhaltung herauszutreten und um seine Frau, die er liebt, neu zu werben (z. B. mit Blumen). Nach einigen Wochen harmonisieren sich die Beziehungen, eine gemeinsame Reise ist – erstmals seit Jahren wieder – geplant. Von Woche zu Woche trägt der Mann seine Anliegen klarer, bestimmter vor, er wirkt wesentlich selbstsicherer.

Zwar wird diese „Laienbetreuung" regelmäßig mit dem Arzt besprochen; aber grundsätzlich handelt es sich um eine – telefonisch durchgeführte – „psychagogische" Aufgabe der Erziehung und „Lebenshilfe" durch Laien, die inzwischen – das ist als Nachtrag zu berichten – in bisher rund 50 planmäßigen Telefonberatungen zu einer Wandlung seiner Persönlichkeit und seiner Lebenssituation geführt haben.

Hausbesuche (fast nur bei den Nicht-Gehfähigen!) tragen einem dringenden Bedürfnis der Kranken Rechnung. Doch setzen sie – besonders bei Schwer- und Geisteskranken – die Zustimmung des

Arztes voraus, der auf die Dauer begrenzen mag. (Eine halbe Stunde kann etwa als Richtmaß gelten.)

Nur bei eigener innerer Harmonie des Besuchers kann auch der Kranke zu dem inneren Gleichgewicht geführt werden, das er braucht und das er bei dem Besucher spürt, unabhängig von dessen Worten oder bewußtem Verhalten.

Auch äußere Hilfen für Kranke kommen in Frage. Sicher sind Schwestern oder Angehörige berufen, die erforderlichen Handgriffe der *Pflege* zu leisten; wenn aber der Kranke die Lage verändern muß oder ein frisch aufgeschütteltes Kissen braucht, so sollte auch der Laie notwendige Handgriffe (selbst wenn sie einmal unappetitlich sein könnten) vornehmen.

Schreibarbeiten, Briefe, Eingaben usw. können einen Kranken innerlich stark beschäftigen, besonders weil und wenn ihm niemand darin zur Hand geht.

Besorgungen gehören zu den äußeren Diensten, die gern und „mit Liebe" von Jugendlichen vorgenommen werden sollten.

Arbeiten im Haus und für die Familie können vordringlich sein, wo z.B. die Mutter ihren wichtigsten Verpflichtungen den Kindern gegenüber nicht nachkommen kann. Für einen Kranken die Mahlzeit zubereiten kann wichtiger sein als ein Gespräch. Oft genügt schon eine aufrichtige Frage, ob man in solcher Weise helfen kann.

Bei jeder fürsorgerischen Hilfe aber wirken ausschlaggebend der Geist, die Gesinnung und die Gesamtatmosphäre der Harmonie mit, die sich logischer Beschreibung entziehen.

c) *Im Rahmen einer vorwiegend* geistig-seelischen Betreuung: *Bücher auswählen und mitbringen, ggf. vorlesen, Gespräche über philosophische und andere geistige Probleme, Gedichte vorlesen, Schallplatten und andere Musik vermitteln.*

Leider wenden sich – nicht nur bei Kranken – die Interessen nur selten geistigen Fragen zu. Bei der Mehrzahl der Hausbesuche fand ich die Bücherschränke, sofern vorhanden, erschütternd armselig mit ein paar Liebesromanen, vielleicht noch Mickymaus-Heften, mit Illustrierten, mit Karl May und manchmal etwas Pornographie gefüllt. Andererseits findet trotz billiger Massenliteratur durch Taschenbücher, Leseringe, trotz der Anregung in Volkshochschulen und Fernsehfilmen ein etwa vorhandenes Interesse kein ausreichendes Echo, weil es an den Gesprächspartnern fehlt, die die Themen vertiefen, klären und weiterführen.

Die Auswahl an geeigneter deutscher Literatur reicht durch das ganze Alphabet von Angelus SILESIUS und seinen Sprüchen im „Cherubinischen

Wandersmann" über die Romane Ludwig ANZENGRUBERS und die Glaubenslieder Ernst Moritz ARNDTS bis hin zu pädagogisch-psychologischen Lebensweisheiten von Hans ZULLIGER, den Dramen und Volksstücken von Carl ZUCKMAYER und den „Sternstunden der Menschheit" von Stefan ZWEIG.

Seit AISCHYLOS (458 v. Chr.) in der ersten klassischen Tragödie, der Orestie, um das Problem von Schicksal und Schuld ringt, das SHAKESPEARE zu neuem Leben erweckt, das SCHILLER, GOETHEund KLEIST im deutschen Geistesleben heimisch machen und schließlich Gerhart HAUPTMANN, Bernard SHAW, ANOUILH und andere Dichter der Gegenwart an den Problemen unserer Zeit darstellen, bleiben die Konflikte von Leid und Liebe, von unentrinnbarer Schuld und Sühne die Hauptthemen auch der Leidenden unserer Tage.

Nirgends steht geschrieben, ein Laienhelfer müsse ein unbelesener Mensch sein.

Gerade die Dichter haben sich den Abgründen menschlicher Not zugewandt und um Antworten auf die letzten Lebensfragen gerungen. Dabei erhebt nicht jede einen Anspruch, bleibend gültige Lösungen zu bieten.

Aber es lohnt sich, mit Thornton WILDER den rätselhaft hereinbrechenden Schicksalsmächten in seiner „Brücke von San Luis Rey" nach-zu-denken, sein Bild des Todes als eines zunehmenden Abstandes von dieser Welt zu prüfen, wie er es in „Unsere kleine Stadt" meisterhaft zeichnet.

Wie recht hatte BERGENGRUEN, wenn er in der „Feuerprobe" den (heute von der Hypnosewissenschaft verständlichen) Sieg der tiefgegründeten seelischen Überzeugung selbst über die physikalischen Einwirkungen des Feuers bekannte.

Mancher Humorist könnte noch heute die Sonnenseiten des Lebens zeigen und mit Worten und Bildern (Wilhelm BUSCH) ein befreiendes Schmunzeln oder gar Lachen wecken. Ob nicht die Verse von Eugen ROTH mit dem Heiteren das Besinnliche so zu verbinden wissen, daß die menschlich – allzu menschlichen Schwächen uns nicht länger in Spannung und Ärger versetzen, sondern uns zu dem gütigen Lächeln des Verständnisvollen leiten.

Seit Lic. Dr. EULER an den Universitätskliniken in Gießen bald nach dem Zweiten Weltkrieg begann, eine „*Lesetherapie*" systematisch für die seelische Genesung von Kranken einzusetzen, haben seine Gedanken leider wenig Nachahmung gefunden.

W. TRAMER schuf ein psychologisches Untersuchungsverfahren und ein Buch dazu: Der Bücherkatalogtest (Rascher Verlag, Zürich 1953). 430 verschiedene Buchtitel ordnet er hier 24 verschiedenen Interessenrichtungen zu, wenn er fragt: Welches Buch würden Sie gern lesen? Weit fruchtbarer noch dürfte es sich auswirken, wenn nicht nur Büchertitel genannt, sondern Bücher selbst zum Lesen und zur Auswahl angeboten werden. Als Nebenwirkung mag sich aus der Wahl der Bücher für den Fachmann wie für den Laien durchaus ein aufschlußreiches Bild der Persönlichkeit ergeben. Zum Nachsinnen anregen, von einseitigem Grübeln ablenken, Antworten auf Lebensprobleme suchen und finden, sich kritisch mit den großen Geistern der Vergangenheit und der Gegenwart auseinandersetzen – dazu haben gerade Kranke, Alte und Einsame im Durchschnitt mehr Neigung und Zeit als andere.

Laienhelfer sind berufen, gute, passende Bücher zu vermitteln und den Inhalt durch Gespräche zu vertiefen.

Gedichte sprechen als Kunstwerke das innerste Gemüt des Menschen an. „Wanderers Nachtlied" von GOETHE lädt noch heute zu einem Meditieren ein, das dem Unruhigen schließlich doch den Schlummer bringt. GOETHES „Braut von Korinth" vermag manchem geängstigten Gewissen von Moralisten das Verhängnis einer („ekklesiogenen") Neurose aufzeigen und ihm zur Freiheit einer echten Gewissensethik verhelfen. Ein Vorbild für die Gewissensbildung stellt uns Karl GEROK vor Augen mit seinem „Es reut mich nicht".

Zur entscheidenden Arbeit am eigenen Charakter leiten noch heute in vorbildlicher Weise der Arztdichter Friedrich SCHILLER mit seinem „Kampf mit dem Drachen" an, vor allem aber Rudyards KIPLINGS „If".

Der Berliner Nervenarzt Wladimir LINDENBERG hat mehrere gute Bücher geschrieben, von denen die „Gespräche am Krankenbett" (München 1959) besonders zu empfehlen sind.

Die zahlreichen Bücher des Genfer Arztes Paul TOURNIER haben die Millionen-Auflage aus guten Gründen weit überschritten. Sie lassen sich hier nur insgesamt nennen ebenso wie die etwas anspruchsvolleren des bedeutenden Nervenarztes Fritz KÜNKEL.

Ein neues gutes Taschenbuch schrieb Arthur MADER: Hören, Schweigen, Helfen, ein Arzt spricht zu Seelsorgern, Stuttgart 1974. Einer Sonderfrage wendet sich mit tiefem Verständnis Albert MAUDER zu in seinem Büchlein: Die Kunst des Sterbens, eine Anleitung (Regensburg 1973).

Echte geistliche Dichtung (und Literatur) haben zu allen Zeiten innersten Trost und Halt vermittelt, Zuversicht und Glauben geweckt und Hoffnungslose mit neuem Lebensmut erfüllt. Ewig modern bleibt dabei die Bibel selbst mit den nach Inhalt und Stil einzigartigen Predigten, Gleichnissen und Gesprächen Jesu Christi. Die Psalmen als Dichtwerke richten noch immer die Schuld- und Gramgebeugten auf, und bis zu Paul GERHARDTS, Jochen KLEPPERS und R. A. SCHRÖDERS Trostgesängen bleibt der Schatz geistlicher Dichtung unerschöpflich.

Viele dieser Dichtwerke wurden von Laien geschrieben und sind für Laien bestimmt.

Pfarr- und Leihbüchereien müßten einen Vorrat an geistlicher Literatur, an Gedicht- und Spruchsammlungen enthalten; wo sie fehlen, ist vielleicht nur zu selten danach gefragt worden.

Unausrottbar freilich ist jene reiche Gattung zweifelhafter Schriftwerke, die früher unter dem Sammelbegriff „Schund und Schmutz" zusammengefaßt wurden. Solange nur Kitsch mit seinen lügenhaften Übertreibungen und seiner Schwarzweißmalerei das tiefe Wesen und Sehnen des Menschen erstickt, wird der Geschmack verborgen, und ein flüchtiger, oberflächlicher Augenblicks- und Scheingenuß täuscht über den fehlenden Sinn und Gehalt sowie über die mangelnde Kraft hinweg. Wenn aber der Deckmantel frommer Werte etwa bei christlichem Kitsch und bei religiösem Schund mit süßlicher Sentimentalität die tragende Kraft des Glaubens verstümmelt und die Wirklichkeit echter Werte verzerrt, da muß das hohle Pathos den Hilfesuchenden enttäuschen (Richard EGENTER hat dies überzeugend begründet).

So vielfältig wie die Gaben und Neigungen der Laienhelfer sind auch die Bedürfnisse und Interessen der Kranken und Alten, denen die Hausbesuche gelten. Der Malerei und der bildenden Kunst mag die Fähigkeit oder Kenntnis eines Laien zugeordnet sein; er wäre geeignet, die Bildmeditationen Alfred ROSENBERGS oder des Meditations-Bildes von NIKOLAUS von FLÜE, ein Kunstwerk mit seiner unerschöpflichen Bildersprache, zum Leben zu erwecken (auch in K. THOMAS: „Meditation").

Auch Laien können meditieren (lernen) und die Fähigkeit zu bildhaftem Schauen innerer Weisheit weitervermitteln.

Der Wert solcher *Meditationen* liegt nicht zuletzt darin, daß auch nach dem Ende eines Besuches die Bücher, die Bilder und Vorbilder, die inneren Werte und Aufgaben zurückbleiben. Gerne pflege ich bei solchen Besuchen ein Blatt Papier (absichtlich benutze ich dann einen Rezeptblock, der unauffällig den Rat als eine Art Verordnung unterstreicht), das bestimmte Fragen, Anregungen und Aufgaben festhält, zu hinterlassen. Dann ist beim nächsten Besuch mit diesem Denk-Zettel die Grundlage für ein neues Gespräch gegeben. Z.B. mag eine Frage lauten: Hat Nicolai HARTMANN recht, wenn er in seinem Gedicht („Endlich bricht der heiße Tiegel", Evang. Gesangbuch Nr. 305) so viele positive Wirkungen des Leidens aufführt? Würden Sie sie bestätigen und aus Ihren Erfahrungen ergänzen?

Für Liebhaber guter Musik bieten Schallplattenfirmen eine unerschöpfliche Auswahl an, durch die ein Laie nach entsprechender Erkundigung einem Einsamen Feierstunden verschaffen kann.

Das gilt verstärkt von guter geistlicher Musik und von tröstenden Schallplatten*, deren wiederholte Klänge sich tief in das Gemüt einprägen.

d) Im Rahmen einer vorwiegend seelsorgerlichen Betreuung: *Trösten, aus Bibel und Gesangbuch lesen, ein „Zeugnis sagen", eine Andacht halten, zu Operationen und zum Sterben vorbereiten und begleiten*

Einen Höhepunkt findet die Laienmitarbeit in der Seelsorge. Nach LUTHERS „Allgemeinem Priestertum aller Gläubigen" (das mir heute vorwiegend in dem katholischen „Laienapostolat" verwirklicht erscheint), sind Laien gerade in diesem Bereich zu tiefgreifender Wirkung berufen und überdurchschnittlich fähig.

Mag bei jedem Pfarrer – mindestens unterschwellig – der Verdacht aufkommen: „Der muß doch so reden, das ist ja sein Beruf", so bleibt der Laie über diesen Verdacht erhaben, und damit wirken seine Worte überzeugender.

Gewiß fordern viele Bereiche der Seelsorge eine psychologische oder theologische Fachkenntnis. Die häufigen sexuellen Schuldgefühle müssen geprüft werden. Sind sie echt oder unecht, „gesund" oder krankhaft begründet?

Kirchenrechtliche Probleme treten auf: „Meine Braut ist katholisch und ich evangelisch, aber geschieden, können wir da kirchlich getraut werden?" Zur Antwort ist eine Kenntnis des katholischen Kirchenrechtes nötig.

Nicht jeder Laie wird die Frage biblisch richtig zu beantworten wissen: „Was ist die Sünde wider den Heiligen Geist?" Freilich wird auch nicht jedem Theologen bekannt sein, daß fast nur depressiv Kranke, die einer psychiatrischen Behandlung bedürfen, diese Frage stellen.

„Was wissen wir nach der Bibel über das Jüngste Gericht?" Wer so fragt, braucht eine theologisch einwandfreie Auskunft.

Unter den ersten 17000 unserer Patienten äußerten fast ein Fünftel im Laufe der ärztlichen Gespräche auch religiöse Fragen.

Insgesamt also darf eine umfassende Lebenshilfe diese – oft lebensentscheidenden – Fragen weder aufzwingen noch ausklammern, wenn sie wirksam helfen will.

---

* Die Firma Hermann Schulte, Wetzlar, hat (neben – nach meinem Geschmack – fast unerträglichem, pietistischem Kitsch) Perlen sonst unbekannter Trost- und Glaubenslieder in musikalisch hervorragendem Chorsatz herausgebracht.

„Wie kann denn ein Gott der Liebe zulassen, daß ich so leiden muß?" Dieses uralte theologische Problem der Theodizee läßt sich von einem Laien aufgrund seiner Glaubens- und Lebenserfahrung mindestens so überzeugend beantworten wie von einem Pfarrer: „Gottes Liebe bewahrt uns nicht vor allem Leid, aber in dem Leiden können wir seine Nähe, sein Sorgen und seinen Schutz erfahren. Meist erkennen wir erst später, welches der Sinn dieses Leides zu diesem Zeitpunkt meines Lebens war. Gemeinsam wollen wir es tragen lernen ..."

Gerade die persönlichen Erfahrungen von Laien in ähnlichen Lebenssituationen ermutigen und überzeugen die Ratsuchenden.

Albert SCHWEITZER nannte es „die Bruderschaft der vom Schmerz Gezeichneten".

Sicher könnten viele Alte, Einsame oder Kranke sich selbst ein Bibelwort oder einen Gesangbuchvers aussuchen und lesen; aber ein Urbedürfnis will die Leitung und die Nähe, die Barmherzigkeit und die Liebe Gottes nicht durch eigenaktive Leistung des Lesens erfahren, sondern in der objektiven, aufmerksamen Haltung des Hörenden, der in den Worten der Bibel den Zuspruch Gottes selbst vernimmt. Wer dieses mächtige, doch tief verborgene Sehnen nicht kennt, weiß nichts von der Seele, und wer diesem Sehnen nicht Rechnung trägt, enttäuscht die Ärmsten unter den Elenden.

Keineswegs jeder Laie verfügt über die Gabe, eine Predigt – und wäre es auch nur eine Andacht – zu halten und biblische Gedanken in eigene Worte zu fassen. Selten auch kann und mag er ein Streitgespräch führen, um die scheinklugen Argumente von Zweiflern und Leugnern zu entkräften, die hinter ihren religiösen Fragen und Angriffen oft die eigene Unsicherheit verbergen; aber entwaffnend wirkt das schlichte Zeugnis eines Laien: „Dieser Glaube hat mein Leben umgestaltet; mir hat er Kraft und Zuversicht gegeben. Mich hat er zufrieden und glücklich gemacht."

Nach Jahren eigener vergleichbarer Erfahrungen haben mich Beobachtungen an den Kliniken der Medizinischen Hochschule in Vellore, Südindien, nachdenklich gemacht:

Fünf Klinikpfarrer versorgten dort unter den weit über tausend Patienten die Christen, deren Anteil nach meiner Erinnerung kaum 15% aller Patienten beträgt. Seit Jahren besucht am Vorabend einer Operation ein Pfarrer die christlichen Patienten seiner Sprache, betet mit ihnen für das Gelingen und spricht ihnen Ruhe und Vertrauen zu. Am nächsten Morgen begleitet er sie dann zum Operationssaal, bis sie die Narkose erhalten haben, und ist oft auch beim Aufwachen wieder zur Stelle.

Während ich 1966 in dem Gästehaus der Kliniken wohnte, wurde ich Zeuge eines friedlichen Aufruhrs: zahllose hinduistische, buddhistische und zum Teil mohammedanische Patienten forderten energisch, daß die Klinikpfarrer auch mit ihnen beten sollten. Das war aber bei den täglich über 60 Operationen nicht möglich, abgesehen von den theologischen Problemen.

In Südafrika erlebte ich einige Wochen hindurch in einem – medizinisch vorbildlichen – Krankenhaus des Lukas-Ordens, „Kearsney-Homes-of-Healing" bei Durban, wie Laienseelsorger gemeinsam mit allen Ärzten und Pfarrern bei dem allwöchentlichen Kranken-Gottesdienst den Patienten segnend die Hände auflegten, um sie der Nähe und Güte ihres heilenden göttlichen Herrn gewiß zu machen.

Auch in Deutschland brauchten wir dazu mehr Ausbildungsstätten, „Schools of Pastoral Care", die Pfarrer und Laien mit den nötigen Kenntnissen vertraut machen.

Eine Sonderaufgabe der Krankenseelsorge ergibt sich beim Begleiten Sterbender.

Am Tage vor der Niederschrift dieser Zeilen mußte ich eine Stunde in dem modernsten Berliner Krankenhaus warten. In der benachbarten Korridor-Wartehalle lag mutterseelenallein eine schätzungsweise 80jährige Sterbende röchelnd, bewegungslos und mit geschlossenen Augen. Auch für sie war noch eine Röntgenaufnahme vorgesehen.

In einem Palast aus Beton und Glas, dessen Baukosten die 100-Millionen-Grenze überschritten hatte, herrscht ständiger Personalmangel. Die Technik ist nahezu vollkommen entwickelt, aber kein Seelsorger stand dieser sterbenden Frau in ihren offenkundig letzten Tagen zur Seite.

Viele Menschen sehnen sich heute nach jenen vergangenen Zeiten, in denen die Alten noch in Frieden im Kreise ihrer Familie die letzten Stunden erleben konnten. Medizinische Technik ersetzt nicht die menschliche Nähe und Seelsorge.

e) *Im Rahmen der Sonderstellung einer* „Telefonseelsorge":
Fachlicher Rat und begleitender Beistand vorwiegend durch Laienhelfer in drei Hauptbereichen:

1. *(vorwiegend seelische)Gesundheit*
   a) mit dem Anknüpfen des ersten Vertrauenskontaktes
   b) mit dem Hinführen zur ärztlichen Behandlung und
   c) mit dem menschlichen Begleiten bis zur Genesung
2. *(vorwiegend sexuelle und erotische) Konflikte*
   a) mit dem Verstehen und Beantworten der Sexualfragen
   b) mit dem Klären und Lösen von Liebes- und Ehekonflikten
   c) mit dem Hören und Raten bei Familien-, Berufs- u.a. Problemen

3. *(vorwiegend religiöse und seelsorgerliche) Fragen nach dem Sinn des Lebens*
   a) mit dem Aufrichten der am Leben Verzweifelten
   b) mit dem Suchen nach einem bleibenden Halt
   c) mit dem Fragen nach einem höchsten Wert

Mit dem deutschen Wort und der Einrichtung „Telefonseelsorge" wollte ich vor zwanzig Jahren keineswegs ein Auskunftsbüro für religiöse Fragen schaffen, sondern eine Zufluchtsstelle für alle seelischen Nöte. Religiöse Fragen werden unter den Hauptgründen am Telefon nur zu 5% genannt werden („Steht es nicht in der Bibel ... ?" „Kann ich bei Ihnen beichten?" „Ich suche Frieden mit Gott..."), zur Hälfte aber werden die Fragen mittelbar gestellt („Welches ist der Sinn des Lebens?" „Gibt es ein Weiterleben nach dem Tod?" „Ich werde meine Schuldgefühle und Selbstvorwürfe nicht los..."). Wesentlich häufiger aber ergeben sich solche oder ähnliche Fragen im Laufe des Gespräches, ohne daß sie zuerst als Hauptanliegen im Vordergrund standen.

Eine statistische Übersicht über die Anliegen in der Telefonseelsorge läßt sich nur schwer zuverlässig erstellen. Nur zwei Gründe seien genannt: in fließendem Übergang wechseln häufige Bitten um Auskünfte oder Anfragen für andere Menschen mit Beratungen oder gar seelsorgerlichen Gesprächen. Außerdem rufen die gleichen Ratsuchenden innerhalb kürzerer oder längerer Zeit mehrfach (bis 250mal) an, nicht zuletzt im Rahmen einer langfristigen Begleitung. Eine korrekte Statistik sollte aber z.B. nicht die gleichen suizidalen Verzweifelten als „250 Selbstmordgefährdete" vermerken.

Die folgende Übersicht darf nicht zu dem Irrtum Anlaß geben, als fänden sich nur 17% Depressive, 18% Alkoholkranke, 10% Ratsuchende mit sexuellen Fragen unter den Anrufern; die wahren Gesamtziffern liegen viel höher, denn hier sind nur die *Hauptanliegen* verzeichnet. Bei den meisten Anrufern treffen aber drei bis vier Nöte zusammen, z.B. Alkohol + Ehenot + wirtschaftliche Schwierigkeiten – oder Impotenz + Liebeskummer + „Untreue" – oder Depression + Neurose.

Die Hauptanliegen von 100 neu anrufenden „Menschen in Not" sind:

27% sind ärztlich behandlungsbedürftig krank (aber nur 3% wissen es),
17% Depressive
    (davon 2% Angehörige: „Er/sie will sich umbringen...")

6% Neurotiker und andere seelisch Kranke
2% Schizophrene
1% Hysteriker
1% körperlich Kranke
(einschließlich Schwachsinnige und Behinderte)

18% sind alkoholkrank
12% Ehepartner oder Angehörige
6% Abhängige selbst

2% sind rauschgiftabhängig (zur Hälfte von „harten“ Drogen)

10% haben Sexualfragen
3% Impotenz und Frigidität
3% Perversion
1% uneheliches Kind (unerwünschte Schwangerschaft)
1% Empfängnisverhütung
2% andere Sexualprobleme, z.B. Onanie

10% haben Liebesprobleme
8% Partnerschaftsverlust
2% Nicht-zusammen-Passen

14% haben Eheprobleme
11% „Untreue des Partners“
3% Streit und Konflikte

17% haben andere Lebensfragen
4% Einsame, Alte und Pflegebedürftige (Fürsorge)
4% Familienprobleme
(2% Erziehung aus der Sicht der Eltern
1% Erziehung aus der Sicht der Jugendlichen
1% andere)
2% Berufsfragen
($^2/_3$ Erwachsene, $^1/_3$ Schüler)
1% juristische Fragen
1% überflüssiges Geschwätz, Scherz und Mißbrauch
5% religiöse Fragen
(davon $^1/_3$ Auskünfte über Gottesdienst etc.)
meist direkte oder indirekte Fragen nach dem Sinn des Lebens und Schuld

2% suchen Rat in sonstigen Nöten
z.B., wenn Angehörige verschwunden sind u.a.

Welche Aufgaben der Telefonseelsorge sind nun von Laien wahrzunehmen? (Telefonseelsorge steht zugleich stellvertretend für viele weitere „Laienhilfen".)

In der Sorge um die Gesundheit muß sich Laienberatung auf drei Aufgaben beschränken:
das Anknüpfen des ersten Vertrauenskontaktes
das Hinführen zur ärztlichen Behandlung und
das menschliche Begleiten bis zur Genesung (vgl. S. 52, 56).

Zusammenfassend ist zu betonen:
Zahllose Aufgaben also suchen geeignete Laienhelfer,
Doch auch umgekehrt gilt:
Zahllose Laienhelfer suchen geeignete Aufgaben!

Nicht alle Gebiete der Laienhilfe wurden bisher erwähnt; auf zahlreichen weiteren ist Raum für alle Gaben und Kräfte. Kinderdörfer suchen Mütter für ihre Waisen-Familien, das Rote Kreuz braucht viel mehr Sanitäter für die Erste Hilfe.

Nicht jeder wohnt an der Küste und kann in der Deutschen Gesellschaft zur Rettung Schiffbrüchiger mitarbeiten, aber auch an Flüssen und Seen herrscht Bedarf an Rettungsschwimmern, die sich z.B. in der Deutschen Lebensrettungsgesellschaft zusammengefunden haben.

Angehörige der Bergwacht nehmen sich verunglückter Bergsteiger an und retten Skifahrer, die von Lawinen verschüttet wurden.

Wem Zeit, Geld und sonstige Voraussetzungen zum medizinischen oder psychologischen Studium fehlen, vielleicht weil ein Numerus clausus den Zugang zur Universität versperrt, dem bleiben genügend Berufe, z.B. als Krankenschwester oder Pfleger, übrig, ganz zu schweigen von der Vielzahl kirchlich sozialer Tätigkeiten im Rahmen der Diakonie oder der Caritas. Selten werden einige andere Berufe genannt, die selbstlosen Einsatz erfordern: die (freiwillige) Feuerwehr oder die Straßenwacht von Automobilclubs helfen bei Unfällen oder gar Katastrophen.

Viele Vereine, Stiftungen und Organisationen nehmen sich einzelner Gruppen von Kranken, von körperlich oder geistig Behinderten an. Gegenwärtig finden Krebskranke besondere Aufmerksamkeit. Tuberkulose-, Multiple-Sklerose-Kranke, seit jeher die Blinden und oft auch Taubstumme warten auf Laienhelfer.

In einer Vorlesung zum Thema Laienhilfe, die Anfang 1975 von der Lessing-Hochschule in Berlin aus in der Technischen Universität stattfand, gaben die Vertreter einiger Laienhilfe-Organisationen ein Bild ihrer Tätigkeit.

Neben den bekannten „Anonymen Alkoholikern" trat auch eine Gruppe der „Sprechbehinderten Selbsthilfe e. V." auf, die seit 1971 vornehmlich die Stotterer sammelt, ihnen fachliche Behandlung vermittelt, gemeinsame Reisen veranstaltet, eine Zeitschrift herausgibt, Kontakte anknüpft und in Rollenspielen die Sprechhemmungen zu überwinden sucht.

Laienhilfe kann aber auch ganz privat geleistet werden. Von dem stillen Blutspenden und der nachbarschaftlichen Hilfe der Hausfrauen bis zum Beistehen bei Krankheiten oder Schwangerschaft in der Verwandtschaft oder Bekanntschaft.

Die Vielfalt all dieser und anderer Aufgaben erfordert weit mehr als nur das Geld der Spender, um das sie bitten; sie brauchen mehr Verständnis und tätige Hände.

V.
Das unentbehrliche Wissen und die theoretische Ausbildung für „Laienhelfer"

1. Gebiete des Wissens

a) Grenzen

Die wichtigste Grundlage des Wissens für die Laienhelfer ist das Erkennen und Einhalten der eigenen Grenzen. Unangebrachte Minderwertigkeitsgefühle, zauderndes Abwarten, bloßes Überweisen an Fachleute kann sich im Bereich seelischer und sozialer Nöte ebenso verhängnisvoll auswirken wie das ängstliche Zögern bei einem Verkehrsunfall, wenn Erste Hilfe not tut. Wer dürfte nur zuschauen, wenn eine Arterie spritzend blutet, nur wegen seiner Sorge, er könne sie nicht an der vorgeschriebenen Stelle und in der richtigen Weise abbinden?!

Andererseits grenzt ein zu selbstsicheres Auftreten an jene Überheblichkeit, die die eigenen Fähigkeiten zu hoch einschätzt. Das Wissen um die „verschlossenen Aufgabengebiete" (vgl. vorn S. 60 ff.) und längere Erfahrungen lehren ihn, was er sich selber zutrauen darf, doch zuvor müssen die Laienhelfer vor Grenzüberschreitungen und damit vor Irrwegen gewarnt werden.

b) Schweigepflicht

Schon zu Beginn einer Einführung in den neuen Aufgabenbereich steht daher für jeden Mitarbeiter – und wäre er auch nur mit Reinigungs- oder Registrieraufgaben betraut – der nachdrückliche Hinweis auf die gesetzlich verankerte Schweigepflicht.

Sie gilt so streng, daß auch am Telefon selbst die scheinbar belanglose Auskunft zu vermeiden ist: „Meine Frau ist doch heute bei Ihnen zur Behandlung. Ist sie schon fertig? Ich möchte sie gern abholen." Wenn nicht der Anrufende und die harmonischen Familienverhältnisse genau bekannt sind, muß die Antwort lauten: „Es tut mir herzlich leid; aber wir dürfen keinerlei Auskünfte darüber erteilen, wer hier beraten wird und zu welchen Zeiten das geschieht." Oft wurden solche Auskünfte schon von eifersüchtigen Gatten oder Unbefugten erbeten, die nur nachspionieren wollten.

Jugendliche und selbst Kinder brauchen nach unserer Überzeugung denselben Schutz der absoluten Schweigepflicht, selbst wenn die Eltern sie begleitet haben. Am Ende einer Beratung wird dann besprochen: „Was wollen wir davon Deinen Eltern erzählen?" Wenn die Kinder oder Jugendlichen wünschen, daß ihre Angaben geheim bleiben, bitten wir die Eltern dafür um Verständnis.

Eine Mutter hatte ihre 12jährige – zwei Jahre in der Entwicklung beschleunigte – Tochter gebracht: „Können Sie nicht meine Tochter aufklären? Mir ist das so peinlich, und es wird allmählich Zeit." Eine kundige Laien-Mitarbeiterin sprach mit ihr und erfuhr, daß die 12jährige seit einem Jahr regelmäßig geschlechtlichen Verkehr mit einem um vier Jahre älteren Schulfreund hatte. Ihre Kenntnisse um Sexualität und Liebe hätten vermutlich das Wissen der Mutter beträchtlich erweitern können. Das Mädchen wünschte nicht, daß ihre Mutter von den Beziehungen erführe. Andererseits soll auch ein Laienhelfer niemals unwahre Auskünfte erteilen. So erfuhr die Mutter nur: „In dem vertrauensvollen Gespräch sind alle wichtigen Fragen besprochen und geklärt worden."

Krankenkassen pflegen sich von ihren Versicherten pauschal bestätigen zu lassen, behandelnde Ärzte seien ihnen gegenüber von der Schweigepflicht entbunden. Praktisch erteilen häufig Laien-Mitarbeiter von Ärzten an Angestellte der Krankenkassen telefonisch oder gar schriftlich vertrauliche Auskünfte. Wir lassen uns daher grundsätzlich von den Patienten nochmals die Erlaubnis geben, daß und wem wir eine zuvor abgesprochene Diagnose mitteilen dürfen.

An dieser Stelle gebührt unseren Laienhelfern ein Dank; seit über 30 Jahren wurden nicht ein einziges Mal Vorwürfe wegen einer Verletzung der Schweigepflicht erhoben.

In dem gleichen Zeitraum blieb ein einziger Beruf frei von Beschuldigungen wegen einer Verletzung der Schweigepflicht: die römisch-katholischen Priester (inzwischen erlebten wir ein erstes Beispiel). Von allen anderen Berufen, besonders aber von anderwärts tätigen Laien, mußten wir ernste, oft katastrophale Folgen vernachlässigter Schweigepflicht erfahren.

c) Geldliche Unterstützung

„Wenn Menschen alle Engel wären...", dann gäbe es keine Unwahrhaftigkeit und keine Versuche, soziale Einrichtungen und ihre Laienhelfer für selbstsüchtige Zwecke auszunutzen. Der Erfindungsgeist, mit dem viele kleine und große Hochstapler erbarmungswürdige Geschichten von plötzlicher, unverschuldeter Notlage berichten und mit – freilich gefälschten – Bescheinigungen beweisen, wäre fruchtbarerer Aufgabengebiete würdig:

Aus Holland stammte der Kaufmann, der mit erheblichen Schrammen und einem verbundenen Arm seine traurige Geschichte am Freitagabend vorbrachte, als schon alle Sozial- und Fürsorgeämter geschlossen waren: Auf der Transitstraße in der Gegend von Brandenburg sei er mit dem Wagen verunglückt. Die Frau liege schwerverletzt im Krankenhaus in Brandenburg, er selbst sei bewußtlos gewesen, und während dieser Zeit habe man ihm sein gesamtes Geld gestohlen. Nun will er wenigstens mit seinen beiden leichter verletzten Töchtern über Amsterdam nach Hause fliegen, braucht aber die 450.– DM für das Fluggeld, die er am Montag sofort zurückschicken wird. Die Verletzungen der Töchter waren durch die Ambulanz eines Krankenhauses bestätigt.

Da wir selbst über keinerlei Geldmittel oder Zuwendungen verfügen, verwiesen wir den Mann zu einer zuständigen kirchlichen Hilfsorganisation, deren uns persönlich bekannter Leiter sich noch am gleichen Abend in seiner Privatwohnung zur Verfügung stellte und die DM 450.– sofort als kurzfristiges Darlehen zur Verfügung stellte. Im Gegensatz zu uns hegte er keinen Zweifel an der Glaubwürdigkeit des Mannes, der sich ordnungsgemäß ausweisen konnte. Das Geld ist bis heute nicht erstattet worden; die Polizei kennt einen Mann seines Namens und der genannten Anschrift nicht.

Obwohl wir mit solchen Beispielen jeden Laien-Mitarbeiter warnen, jemals einem Ratsuchenden aus den eigenen Geldmitteln (andere, etwa eine gemeinsame Kasse, sind ohnehin nicht vorhanden) einen Betrag zur Verfügung zu stellen, hat sich dennoch bisher (mit einer Ausnahme) noch jeder – durch einen besonders tragischen und dringenden, absolut glaubwürdigen Notfall – überzeugen lassen, meist die gesamten Barmittel mit einer Durchschnittssumme von DM 350.– einem Notleidenden „kurzfristig" zu leihen. In keinem einzigen dieser rund 10 Beispiele wurde auch nur ein Teilbetrag zurückerstattet (!).

So gilt die Warnung: Laienhelfer sollten Bittende *niemals* mit Geldbeträgen unterstützen.

d) Medizinische Kenntnisse

Eigenart und Umfang der medizinischen Kenntnisse für Laienhelfer sind verschieden je nach den Aufgaben. Wer im Roten Kreuz Erste Hilfe leisten will, muß in Anatomie, Chirurgie und Unfallheilkunde unterrichtet sein; Rettungsschwimmer oder Betreuer von Alkoholkranken oder von Drogenabhängigen brauchen ihre Spezialkenntnisse, in denen die Wiederbelebung oder die Toxikologie, also Giftkenntnis, aber auch Sozialkunde und Psychologie eine ungleich stärkere Rolle spielen.

Wer Lebensmüde betreut, muß vor allem über Kenntnisse in der Psychiatrie verfügen.

Die *depressiven Krankheiten* beeinflussen den gesamten körperlichen und seelischen Gesundheitszustand. Hier lassen sich nicht die vielen Merkmale eines sogenannten „depressiven Syndroms“ aufzählen, unter dem mindestens zwei Millionen (West-)Deutsche leiden, also etwa jeder 30. Bundesbürger. Die Zeichen erschöpfen sich keineswegs in dem Gefühl des Bedrücktseins und der Traurigkeit, besonders morgens in den Schlafstörungen, der Neigung zum Weinen, in der inneren Unruhe sowie den Denk- und Antriebshemmungen, sondern sie erfassen einen breiten Bereich körperlicher und seelischer Krankheitserscheinungen und Beschwerden.

Wegen der erheblichen Selbstmordgefahr müssen Laienhelfer depressive Erkrankungen kennen und erkennen. Dieses Wissen rettet Menschenleben, und jeder unserer Laienhelfer kennt davon viele Beispiele.

Die verbreitete Unkenntnis der Laien auf diesem wichtigen Lebensgebiet muß traurig stimmen. Über 6% aller Menschen sind von ernsten seelischen Krankheiten betroffen (rd. 1% leiden mindestens gelegentlich an Schizophrenie, 0,5% an Epilepsie usw., der Rest ist depressiv und/oder neurotisch krank). Das grundsätzlich begrüßenswerte Aufmerken auf die sozial Schwachen in unserer Zeit darf vor den geistig-seelisch Kranken und Behinderten nicht länger haltmachen, zumal der Mehrzahl, eben den Depressiven, in wenigen Wochen durch die modernen Medikamente entscheidend geholfen werden kann.

Was hilft die gesicherte wissenschaftliche Erkenntnis: depressive Erkrankungen finden sich bei mindestens 5% der Bevölkerung, und nur ein Arzt kann dabei zuverlässig helfen – wenn die Depressiven selbst nur ihre Bedrückung, ihre Traurigkeit, ihr Weinen oder ihre körperlichen Beschwerden verspüren, nicht aber wissen, woran sie in Wahrheit leiden und wer sie von ihren Leiden befreit.

„Ich bin doch nicht verrückt, ich brauch' doch nicht zum Nervenarzt?!“ Mit solchen Worten wehren sich seit mehr als 20 Jahren täglich Verzweifelte, denen in erster Linie ein Laie überzeugend und geduldig genug erklären kann: „Ihre verständliche Traurigkeit ist umgeschlagen in eine krankhafte Störung des Stoffwechsels im Gehirn, die man heute zuverlässig wieder ins Gleichgewicht bringen kann.“ Mehrere tausend Depressive, die mit recht günstigen Ergebnissen in unserer Ärztlichen Lebensmüdenbetreuung behandelt wurden, bestätigen diesen Wert der Laienhilfe.

Die Verordnungen überlasteter Ärzte wecken bei den Depressiven leicht einen Argwohn:

„Ich dachte, ich könnte mir hier meinen Liebeskummer richtig vom Herzen reden und würde jemanden finden, der versteht, warum ich ohne meinen... (meine...) nicht mehr leben kann, und jetzt soll ich einfach mit Tabletten abgespeist werden?!“

Gewiß kann und sollte der behandelnde Arzt begründen, warum bei dem einzelnen Bekümmerten zunächst eine Tablettenkur vordringlich ist; er sollte auch Aussprache nicht ablehnen, sondern allenfalls verschieben; aber Laien können besonders wirksam überzeugen.

Nach fast jeder ärztlichen Behandlung führe ich darum den Patienten zu einem der am besten geeigneten Laienhelfer (die in der Sprechstunde im Hause sind), stelle beide einander vor, wir geben alle drei unsere Telefonnummern und verabreden die weitere Begleitung – nicht selten mit täglichen Telefonanrufen des Patienten bei dem Laienhelfer, der zurückruft, wenn die „Meldung" ausbleibt.

e) Psychotherapeutische und psychosomatische Kenntnisse

In den Vereinigten Staaten werden die Grundkenntnisse der Psychoanalyse, der sogenannten Tiefenpsychologie und der Psychotherapie heute schon in den Schulen vermittelt. Das muß sich nicht immer günstig auswirken. Wer aber leidenden Menschen helfen will, darf an den häufigen „unbewußten" Ursachen für das Leiden nicht vorübergehen.

Niemals dürfen Laienhelfer wähnen, sie seien zu „Schmalspurpsychoanalytikern" ausgebildet (die mit verhängnisvollem Viertelwissen vermeintliche unbewußte Zusammenhänge erkennen oder gar angehen wollen). Wer aber als Laie einen verantwortlichen Fachmann begleiten und unterstützen will, der muß auch tiefere Zusammenhänge verstehen und gelegentlich (z.B. bei telefonischer Beratung den Verdacht auf eine neurotische, tiefen-seelisch bedingte Krankheit) äußern. Kein Fachmann schätzt heute die Zahl der ärztlich behandlungsbedürftig neurotisch Kranken in der Bundesrepublik auf weniger als vier Millionen. Ein Laienhelfer muß also wissen, wie schwierig sich für Zwangs- und Angstkranke, für die sogenannten Perversen und viele andere Neurotiker eine psychoanalytische Fachbehandlung finden läßt. Er muß aber auch wissen, wie die Mehrzahl der zumeist leicht neurotisch Gestörten mit ärztlich vermitteltem Autogenem Training und mit ärztlicher Hypnose, eventuell mit zusätzlicher Selbstanalyse verhältnismäßig einfach und kurzfristig psychotherapeutische Hilfe finden kann.

Zum Wesen der neurotischen Störungen gehört es, daß ihr Ursprung und damit der Zusammenhang zwischen Ursache und Wirkung, zwischen seelischer Verletzung und Belastung einerseits und der körperlichen oder seelischen Erkrankung oder Störung andererseits unbekannt, verborgen, „unbewußt" ist. Ein Laienhelfer sollte daher wissen, wie häufig und wie lebenszerstörend solche neurotischen Zusammenhänge zu beobachten sind. Wiederum kann er dadurch vielen Ratsuchenden den Weg zur Behandlung und damit zur inneren Freiheit und Gesundheit weisen.

Häufig überschreiten gerade in diesem Bereich Seelsorger oder ihre Laienhelfer die notwendigen Grenzen und wagen sich ohne ausreichende psychotherapeutische Ausbildung mit einer Art „Gesprächstherapie" an schwierige Heilaufgaben bei Neurotikern. Psychotherapie hat es dabei nicht nur mit *seelischen* Erkrankungen, besonders mit Angst- und Zwangszuständen zu tun, ihre Aufgaben sind in Wahrheit die *seelisch bedingten*, gerade auch körperlichen Krankheiten. Ob wir dann richtiger von „psychosomatischen Erkrankungen" oder von „Organneurosen" sprechen oder gar beide voneinander unterscheiden, muß hier dahingestellt bleiben. Laienhelfer müssen wissen, daß zahlreiche körperliche Erkrankungen auf seelische Ursachen zurückgehen und sich dann auch mit seelischen Mitteln wieder heilen lassen. Wenig bekannt sind dabei die Beziehungen zu einer echten Seelsorge, die den ganzen Menschen harmonisiert, und ihrer weitreichenden Heilwirkung auf seelisch bedingte Krankheiten.

f) Kenntnisse auf dem Gebiet der Seelsorge

Vor zwei verbreiteten Fehleinschätzungen ist zu warnen: Einerseits mißbrauchen zahlreiche Laien – etwa im Namen einer Sekte wie der „Christian Science" oder der „Pfingstler" – eine Art von Pseudo-Seelsorge, mit der sie sich als „Laienhelfer" aufführen. Solche fromme Kurpfuscherei wirkt ebenso verhängnisvoll wie „weltliche". Andererseits arbeiten seit Jahrzehnten äußerst nüchterne Laienhelfer im Namen des „Lukas-Ordens" in der ganzen Welt, um in einer tatkräftigen Krankenseelsorge sich des ganzen Menschen nach Leib und Seele auch mit Fürbitte und Handauflegung anzunehmen (vgl. S. 16, 89). Gerade in der Seelsorge können Laienkräfte ein reiches Tätigkeitsfeld finden.

Laienhelfer sollten also zwischen echter Seelsorge und äußerlich ähnlichen kurpfuscherischen Handlungsweisen deutlich unterscheiden können.

Vor 50 Jahren pflegte der weise Seelsorger und Psychologieprofessor Werner Gruehn, der Rektor der Universität von Dorpat, seinen Studenten zu sagen: „Die Wissenschaft der Seelsorge steht heute noch auf dem gleichen Niveau wie die Chemie zur Zeit der Alchemie." Er selbst hat mit seinen maßgebenden Werken über Religionspsychologie einen nennenswerten Anteil daran, daß die Seelsorge zu einer umfassenden und eigenständigen Wissenschaft wurde, mindestens in dem Bereich der sogenannten empirischen Religionspsychologie.

Die Wissenschaft von der Seelsorge aber wurde kaum zur Kenntnis genommen. Pfarrer üben sie entweder nach eigenem Gutdünken oder nach pietistischer Tradition oder nach katholischem Sakramentsverständnis oder überhaupt nicht aus. Vereinzelt aber hat es zu allen Zeiten unter „Geistlichen" wie unter sogenannten Laien aller Kirchen oft unter den weisen, meditierenden Männern, den Mystikern und Mönchen, den „Stillen im Lande" (nach G. ARNOLD) und den Starken, jene echt Frommen gegeben, die als Seelsorger den Beichtenden und Bangenden, den Zweifelnden und Zagenden eine bleibende Kraft und den Forschenden und Fragenden innerste Antwort zu erteilen wußten. (Vgl. die Bemerkungen zum „Clinical Training" S. 81.)

Wegen der meist fehlenden Fachkunde und der selten achtungsgebietenden und echten Frömmigkeit wurden in den letzten Jahrzehnten die Seelsorger nur höchst selten bei einer Team-Arbeit von Helfern herangezogen, jedenfalls kaum in Deutschland im Unterschied zu den angelsächsischen Ländern.

In den Menschen wurzelt aber das Sehnen nach Seelsorge. Wie sonst soll das letzte Fragen um den Sinn des Lebens und Leidens eine Antwort finden, wenn nicht in dem Erleben: Du bist geborgen in der Hand eines gütigen Gottes (vgl. S. 18, 78f.).

g) Sozial-fürsorgerische und juristische Kenntnisse

„Hilfe in Not" wurde in den letzten Jahren durch neue Gesetze, soziale Maßnahmen, Heime, Verschickungen, Freizeitprogramme usw. in zum Teil vorbildlicher Weise nicht zuletzt durch tatkräftige Mitarbeit von Laien geleistet.

„Senioren-Programme" suchen das Los alter und einsamer Menschen besonders durch Freizeitprogramme zu erleichtern. Speisungen versorgen Unbeholfene mit warmen Mahlzeiten.

Unter der Bezeichnung „Soziales Training" bemühen sich Psychologen und Laien in den letzten Monaten offenbar erfolgreich um Straftäter, die sie wieder in die menschliche Gemeinschaft eingliedern wollen. Von vergleichbaren sozialen Maßnahmen für die Opfer von Straftaten, von Raubüberfällen, Körperverletzungen, den ungemein häufigen Diebstählen usw. ist mir bisher nichts bekannt geworden. Vielleicht bildet sich einmal ein Zusammenschluß ehemaliger Gefangener mit dem Ziel, einen Teil der angerichteten Schäden wiedergutzumachen.

Hier sind nochmals die „Alcoholics Anonymous" zu nennen, die der ganzen Welt als Laienhilfe-Organisation bekannt wurden (vgl. S. 37).

An vielen Orten, auch in Deutschland, haben sich *„Elternkreise* *drogengefährdeter Jugendlicher*" um eine gesundheitliche und soziale Hilfe für ihre drogenbedrohten und -abhängigen heranwachsenden Kinder bemüht.

Mindestens durch gegenseitige Beratung, Erfahrungsaustausch und Trost erfüllen diese Laien-Organisationen eine wichtige Aufgabe. Die Hoffnung freilich, daß irgendeine Laienorganisation die Rauschgiftabhängigen aus ihrer selbstmörderischen Sucht befreien könnte, hat sich noch weniger erfüllt als die Bestrebungen der Fachleute, obwohl mancher Abhängige einen begrenzten Halt – wenigstens zeitweise – findet.

In Deutschland sind die jüngsten vorbildlichen Bemühungen von Dr. REIMER, Heilbronn, um entlassene Patienten aus Psychiatrischen Kliniken (vgl. S. 38) zu nennen. In den USA steht die – etwas übertriebene – Hoffnung im Vordergrund, die Willenskräfte sowie der Austausch von Erfahrungen und Enttäuschungen können die seelische Gesundheit praktisch ohne weiteren ärztlichen Beistand gewährleisten.

Erwähnt war auch die beispielhafte Eigenaktivität der „*Sprechbehindertenselbsthilfe e.V.*", in der sich Stotterer zusammengeschlossen haben, die zuversichtlich, sachlich und aktiv ihr Schicksal teils überwinden, teils tragen lernen wollen (vgl. S. 32, 37, 78).

Unvergeßlich wird mir das Gespräch mit dem heftig stotternden Leiter einer westdeutschen Telefonseelsorge, einem katholischen Priester, bleiben, der aus seinen Erfahrungen gewinnend fröhlich berichtete:

„D-die L-Leute, d-die anrufen, w-wollen doch etwas v-von mir; d-dann müssen sie auch die G-Geduld aufbringen, mir zuzuhören; und d-das tun sie auch."

Diese wenigen Beispiele von den vielfältigen Bestrebungen der Laienhilfe wollen deutlich machen, wie ratsam, ja notwendig es ist, solche Laiengruppen zu kennen und mit ihnen zusammenzuarbeiten.

h) Erste vermutete Differentialdiagnose

Das erste vorbereitende Gespräch mit einem Ratsuchenden mag durchaus ein Laie führen. Er kann einen ausführlichen Bericht anhören und das Wesentliche aufschreiben (auch dies will gelernt und geübt sein). Er wird diesen Ratsuchenden Anteilnahme versichern, die erste Vertrauensatmosphäre schaffen, wird begründen, warum er gerade den einen und nicht den anderen Fachmann empfiehlt (vgl. S. 81). Er wird ihn dann selbst begleiten und zu der Fachuntersuchung einen Kurzbericht aus der Vorgeschichte geben.

Laienhelfer verhindern zeitraubende Irrtümer und entdecken sogenannte Irrläufer.

Wie oft versuchen Schnorrer mit einer langen Krankheitsgeschichte ihren Bericht zu beginnen, auch von Selbstmordgefährdung zu sprechen, und zum Schluß ergibt sich ein schlichter Erpressungsversuch: „Wenn Sie mir nicht DM 200.– geben, bringe ich mich um."

Gewiß tragen gelegentlich auch finanzielle Schwierigkeiten zur Selbstmordgefährdung bei (0,82%), aber wir haben noch nie eine Lebensbedrohung bei einem Menschen erlebt, der mit angeblicher Selbstmordabsicht Geld erpressen wollte. Unsere Laienhelfer wissen das, bewahren die Fachleute vor langen, vergeblichen Gesprächen und verweisen an zuständige Wohlfahrtsorganisationen (vgl. S. 95f.).

2. Die Vermittlung des Wissens

a) Bücher

Die Ausbildung von Laienhelfern darf sich nicht in dem Rat erschöpfen: „Lesen Sie dieses oder jenes Buch!" Andererseits kann keine Laienhilfe auf das planmäßige Studieren von Fachbüchern verzichten, die leider oft durch zu viele Fachausdrücke und Fremdwörter den wissenschaftlichen Stil schwer verständlich gestalten und die Bücher zu einer mühsamen Lektüre machen.

Ein Schrifttumsverzeichnis für jede Art der Laienhilfe läßt sich hier nicht aufführen. In weitestem Sinn dient die Herderbücherei diesem Ziel. Ein Verzeichnis besonders empfehlenswerter Herderbücher ist im Anhang (S. 153f.) zu finden. Auf dem eigenen engeren Fachgebiet haben wir versucht, schon 1964 in einem systematischen Überblick den Laienhelfern ein wissenschaftliches Werk in die Hand zu geben, das den Wissensstoff zusammenfaßt und zugleich durch Hunderte weiterer Schrifttumsangaben die Voraussetzungen zu eigener Weiterarbeit schafft. „Handbuch der Selbstmordverhütung, Psychopathologie, Psychologie, Religionspsychologie – einschließlich der Eheberatung und der Telefonseelsorge" (Verlag Ferdinand Enke, Stuttgart 1964, 467 S., inzwischen vergriffen).

Inzwischen sind weitere Bücher hinzugetreten, die vorwiegend für Helfer und Kranke und deren aktive Mitarbeit bestimmt sind. Das Buch „Praxis der Selbsthypnose des Autogenen Trainings" half bisher einigen zehntausend Ratsuchenden bei dem selbständigen Üben der bekannten Entspannungsmethode von Professor J. H. Schultz nach ärztlicher Anleitung (Thieme Verlag, Stuttgart ^{1}1967, ^{4}1975).

In dem Buch „Sexualerziehung“ (Verlag Diesterweg und Thieme, Stuttgart [1]9170, [2]1972, 281 S.) finden nicht nur Jugendliche Rat in allen Sexual- und Liebesfragen.

Von Drogen-Abhängigkeit und den Beziehungen zwischen Drogen und religiösem Erleben handelt das Buch „Die künstlich gesteuerte Seele“, Brainwashing – Haschisch und LSD – chemische und hypnotische Einflüsse auf Gehirn und Seelenleben (Verlag Ferdinand Enke, Stuttgart 1970, 279 S.).

Zwei Bücher wollen vorwiegend die Patienten ermutigen und ihnen ermöglichen, gleichsam in „Sprechstunden mit dem eigenen Ich“ unter genauer Anleitung durch das Buch und – je nach der Notwendigkeit – durch den Arzt, an sich selbst und der eigenen seelischen Gesundheit zu arbeiten: „Selbstanalyse“, Die heilende Biographie, ihre Abfassung und ihre Auswirkung (Thieme Ratgeber für Gesunde und Kranke, Thieme Verlag, Stuttgart 1972, [2]1976, 150 S.) und „Träume – selbst verstehen“, wie sie entstehen, was sie bedeuten, warum sie heilen, Geschichte und Wissenschaft, Psychologie und Praxis von den Träumen (Thieme Verlag, Stuttgart 1972, [2]1976, 190 S.).

Einigen besonders wichtigen seelsorgerlichen Fragen geht das Buch „Meditation“ (in Forschung und Erfahrung, in weltweiter Beobachtung und praktischer Anleitung) nach (J. F. Steinkopf Verlag/Thieme Verlag, 1973, 420 S.).

Weitere Bücher unterrichten über den gesamten Fragekreis der Selbstmordverhütung: „Menschen vor dem Abgrund“ (vergriffen, 2. Aufl. in Vorbereitung) und „Ärztliche Lebensmüdenbetreuung“ (Wissenschaftliche Buchgesellschaft, Darmstadt) sollen hier nur als einführendes Schrifttum erwähnt sein.

Bücher bieten Beispiele für systematische Vor- und Weiterbildung von Laienhelfern. (Eine umfangreiche Fachbibliothek mit ihren Karteikarten und Besprechungen darüber wird ergänzend herangezogen.)

b) Zeitschriften und Sonderdrucke

Jüngere Entdeckungen und Einzelfragen finden sich in zahlreichen verschiedenen Zeitschriften – auch fremdsprachlichen – abgehandelt. Niemand kann das gesamte Schrifttum übersehen oder gar lesen. Wichtige Arbeiten aber lassen sich zielstrebig sammeln und suchen oder bei zufälligen Entdeckungen fotokopieren und für eine spätere Auswertung bereithalten. Wer solche Zeitschriftenaufsätze griffbereit halten will, muß ein Archiv anlegen, das dem Angebot der „Sammelkraft“ und dem Bedarf angepaßt ist.

Die meisten Zeitschriftenaufsätze gehen für Auswertung und Wissensvermittlung verloren, da niemand sie systematisch registriert oder in den zahllosen Registern heraussucht. Wesentlich ertragreicher erweist sich die Methode, die einzelnen Aufsätze (mit Quellenangabe) herauszuschneiden und nach den Hauptstichworten des Inhaltes abzulegen. Ein solches selbstangelegtes Archiv mag für einen Schüler oder einen Laienhelfer anfangs aus einem einzigen Aktenordner bestehen und, bei fortschreitender Arbeit zu einer Hängeregistratur erweitert, größeren Umfang annehmen. Wir stellen unseren Laienhelfern für die Ausbildung einige hunderttausend Aufsätze aus über 60 Zeitschriften zur Verfügung, die nach 7000 verschiedenen Stichworten geordnet sind. Nicht nur beim Lesen, sondern schon beim Ablegen solcher Aufsätze (und Zeitungsartikel) gewinnen Laienhelfer einen Überblick über die Themen ihrer Tätigkeit.

c) Vorträge, Kurse, Diskussionen

Laienhelfer brauchen zusätzlich zu eigenem Studium und zu der anschaulichen Wissensaufnahme durch das Auge auch die durch das Ohr und das lebendige Darbieten in Vorträgen oder Kursen, deren Aufbau und Zusammenfassung ihnen schriftlich überreicht werden sollte. Anschließende Diskussionen vertiefen diese Vorträge.

Seit 1951 haben wir (allwöchentlich vier Stunden) seit 1963 im Rahmen der Lessing-Hochschule solche Vorlesungen durchgeführt, deren Themen ihren Niederschlag in den erwähnten Büchern – auch in diesem – fanden.

Neuere Werke über Wissensvermittlung vertreten die These: Vorlesungen hinterlassen zu wenig bleibende Informationen; sie sollten völlig durch diskutierendes eigenes Erarbeiten abgelöst werden. Diese Behauptung mag auf monotone, weitschweifige, nicht ausreichend gegliederte und nicht zusammengefaßte Darbietungen zutreffen. Noch verhängnisvoller jedoch ist der Irrtum, bloßes Diskutieren und Zerreden ohne notwendige Grundkenntnisse könne schwierige Sachverhalte ausreichend klären oder mehr bleibendes Wissen vermitteln. Für eine systematische Ausbildung jeder Art – auch für die Wissensvermittlung bei Laienhelfern – ist noch heute ein ausgewogenes Gleichgewicht zwischen Vorträgen, Aussprachen und eigenem Lesen einerseits und praktischer Erfahrung andererseits am fruchtbarsten.

d) Nachschriften und Protokolle

Unausrottbar und bequem ist der Irrtum: „Das werde ich mir schon merken!“ Nur das läßt sich bleibend dem Wissen einfügen, was schriftlich niedergelegt ist. Optische und akustische Eindrücke mögen sich im Laufe der Zeit zu einem wichtigen inneren Vorstellungsbild vertiefen; Einzelheiten und Übersichten haften nur im Gedächtnis, wenn sie aufgeschrieben werden.

Das gilt auch von den Gesprächen mit Ratsuchenden. Unsere Laienhelfer zählen juristisch zu dem „ärztlichen Hilfspersonal", und alle ärztlich wesentlichen Tatsachen müssen in einer Krankengeschichte schriftlich festgehalten werden.

In der praktischen Ausbildung von Laienhelfern stellen wir allwöchentlich Ratsuchende vor, führen Telefongespräche und besuchen gelegentlich Bettlägerige. Anfangs erstreckt sich die Bitte nur auf einzelne Tatsachen oder Gesprächsabschnitte, später auf den gesamten Ablauf eines Besuches: „Würden Sie bitte aufschreiben, was wir eben gesehen und gehört haben!"

Kurz nach der Niederschrift eines Protokolls klärt eine Besprechung Einzelfragen der Länge, der Ausdrucksweise oder gar inhaltliche Irrtümer. Meist geschieht dies im persönlichen Gespräch, doch auch in den regelmäßigen Aufzeichnungen der Telefonseelsorge lassen sich Fragen und Bemerkungen anbringen, z.B. „Beruf, Art der Eheschwierigkeiten genauer abgeben! Welche Drogen nimmt er? Und wieviel?" usw.

Allmählich wächst dann durch einfaches Üben die Fähigkeit, sachliche Protokolle und Berichte über eine Betreuung anzufertigen.

e) Schriftliche Facharbeiten

Seit Jahren erreichen uns allwöchentlich Bitten von Prüfungskandidaten vieler – meist sozialer – Studienfächer um Material für eine schriftliche Arbeit zur Frage des Selbstmords und seiner Verhütung. Wir versehen die freundlich-höflichen Ablehnungen mit dem Hinweis auf unsere Bücher, in einer Drucksache vervielfältigt; denn sonst bliebe keine Zeit mehr für die praktische Hilfe. Schriftliche Arbeiten also sind üblich und lehrreich, doch sollten sie nicht bloß theoretisch aus der Literatur erwachsen, sondern aus dem praktischen Miterleben von Menschenschicksalen.

Wer einmal ein Thema selbst systematisch gegliedert und in Worte gefaßt hat, so daß eine abgerundete Arbeit vorliegt, der vergißt den Inhalt nicht mehr und vertieft sein eigenes Denken und praktisches Arbeiten durch den Einblick in ein Teilgebiet. Die Länge liegt zwischen einem kurzen Aufsatz und einer druckreifen Doktorarbeit; die Schwierigkeit der Aufgabe ist der geistigen Beweglichkeit, der Fähigkeit und Neigung des Laienhelfers angepaßt. Solche Facharbeit dient nicht nur dem Wissen der Laienhelfer, sondern auch deren eigener Freude an einer abgeschlossenen Leistung.

f) Studium als Beispielberichte

Wenn ein Ratsuchender nach etwa zwei Jahren nicht wieder erschienen ist, versuchen wir, durch einen abschließenden Rückblick auf seine Betreuung Erkenntnisse zu gewinnen, Irrtümer zu berichtigen oder Gewißheiten bestätigt zu finden. Leider konnten wir bisher mangels Zeit und Geld nicht systematisch das spätere Ergehen erfragen, so daß uns nur die Hälfte der Berichte ein eindeutiges Urteil über die Wirkungen erlaubt.

Aus dem ärztlichen Sektor wird dann jede Krankengeschichte nochmals studiert und, wenn sie lehrreich ist, in einem Kurzbericht von 2–10 Seiten zusammengefaßt. Dabei sind sorgfältig die Gesetze des Verschlüsselns zu beachten: Ort- und Zeitangaben sowie unwichtige Einzelheiten werden verändert, alle wichtigen Tatsachen aber belassen. Jede denkbare Vermutung, die eine „Krankengeschichte" einem bestimmten Patienten zuordnen wollte, muß falsch sein.

Die Beispiele dienen nicht nur als anschauliche Belege aus dem wirklichen Leben und als Grundlage für Vorträge und Veröffentlichungen, sondern auch zur Ausbildung von Laienhelfern.

In einer umfangreichen Kartei sind diese Beispiele nach Sachgebieten geordnet und registriert. 4000 von ihnen sind bisher in Büchern veröffentlicht. 1500 weitere, wesentlich ausführlichere stehen den Laienhelfern zum Studium zur Verfügung, damit sie aus den wirklichen Lebensschicksalen ersehen und lernen können, welche Aufgaben in der Beratung auf sie zukommen und wie die fachliche Behandlung sich mit der Betreuung durch Laien ergänzt. Mehrere tausend weitere Krankengeschichten warten noch darauf, entsprechend verschlüsselt abgefaßt und ausgewertet zu werden.
Der Schweigepflicht dient zusätzlich ein Geheimkode von Buchstaben, aus dem sich aus den Ordnern die Originalkrankengeschichten mit den wahren Namen und Einzelangaben finden. Diese Aktenordner sind jedoch in verschlossenen Stahlschränken in einem zusätzlich gesicherten Raum aufbewahrt, und nur zwei – Jahrzehnte bewährte – Laienmitarbeiter haben Zugang zu den Original-Akten, ordnen und verwalten sie.

Ein solcher Begriff des Laien entspricht nicht mehr dem des „Unwissenden", im Gegenteil. Er besagt: Nicht ein Studium mit Abschlußprüfungen, nicht eine bezahlte Tätigkeit in einem Beruf der „Menschenhilfe" steht am Ende dieses privaten Weges zu einem Laienhelfer, wie wir ihn uns wünschen, den wir voll für seine Aufgaben geeignet halten und den wir seit 25 Jahren in täglicher Anleitung auszubilden suchen. Insgesamt freilich ähnelt dieses Bild mehr einem zukünftigen Ideal als der üblichen gegenwärtigen Wirklichkeit von dem Laienhelfer und seinem Wissen.

3. „Kontrolle" des Wissens („Supervision")

a) Prüfungen

Prüfungen gewähren dem Prüfer und der von ihm vertretenen

Organisation, Körperschaft oder Behörde einen weithin zuverlässigen Einblick in den Stand des Wissens und der Fähigkeiten eines Bewerbers. Ein meist übersehener Hauptwert liegt in dem heilsamen Zwang für den „Geprüften“, sich den Überblick über ein Wissensgebiet zu verschaffen, in Teilgebieten sich Spezialkenntnisse anzueignen und zu einem gegebenen Zeitpunkt die unvermeidlichen Spannungen einer Bewährungssituation zu meistern. Was unter den Anforderungen und mit dem Ziel einer Prüfung gelernt wird, prägt sich dem Gedächtnis fester ein und steht als Wissen im Bedarfsfall leichter zur Verfügung. „Leistungsdruck“ von Prüfungen mit einer sinnvollen (nicht übertriebenen) Belastung stärkt die Kräfte der Merkfähigkeit und das Mühen um systematisches Arbeiten.

Hinter diesen Sätzen steht nicht nur eine jahrzehntelange Erfahrung als Prüfer und Geprüfter in verschiedenartigen Examen, sondern auch die Ergebnisse zahlloser Beratungen von Schülern und Studenten. Ungeprüftes Wissen fällt schnell dem Vergessen anheim. Diese Zeilen wollen also nicht eine grundsätzliche, scheinbar moderne Ablehnung von Prüfungen empfehlen.

Trotz dieses hohen Wertes dürften bei den meisten Laienhelfern Prüfungen keinen geeigneten Maßstab für Eignung und Leistungsfähigkeit abgeben. Die wichtigste Grundlage seiner Tätigkeit, die Charakterhaltung, läßt sich so nicht erfassen.

Monate theoretischer und praktischer Bewährung in einem engen Kreis von Mitarbeitern müssen ohnehin einer denkbaren Prüfung vorausgehen und machen sie dann überflüssig.

Die Enttäuschung nach einem Urteil: „nicht bestanden“ ließe sich nicht von den Prüfenden verantworten, da der Laienhelfer aus dem Examen kein Recht auf eine bezahlte Tätigkeit ableiten kann, sondern nur seinerseits ein Geschenk mit seiner Arbeit erbringt.

Hauptkennzeichen in der Arbeitsgemeinschaft mit Laienhelfern ist vielmehr die freundschaftliche Vertrauensbeziehung; die beste Prüfung aber kann dieses Vertrauen nie schaffen oder ersetzen.

Die notwendige strenge Auslese der Mitarbeiter darf nicht *nach* einer Ausbildung erfolgen, sondern muß *vorher* bei der Auswahl einsetzen. Verschiedene Stufen mit gesonderten Bezeichnungen, z. B. Bewerber, Anwärter, Kandidaten usw., scheinen uns belanglos. Eher selbstverständlich wächst ein Helfer durch praktische Tätigkeit und durch sein Interesse an der Ausbildung in die Aufgaben hinein.

Nur eine selbstlose Gemeinschaft löst das Problem eines Mangels an geeigneten Laienhelfern, in der jeder gleichberechtigt die Aufgaben übernimmt, die er lösen kann.

So unentbehrlich sich solides Wissen in den meisten Bereichen der Laienhilfe erweist, so wenig scheinen Prüfungen ein geeignetes Mittel, solchen Wissensstand zu messen.

b) Gespräche

Gespräche unter vier Augen geben nicht nur Gelegenheit zu Bitten und Hinweisen, sondern vermitteln auch Einblick in den Stand der Kenntnisse. Niemals auch nur mit dem leisesten Tadel, sondern nur mit der jeweiligen, begründeten Hilfe wird verbessert: „Hier steht das Wort ‚Fälle'. Wir sprechen hier nur von Ratsuchenden oder Beispielen; denn auch mit Worten dürfen wir einen Menschen nicht als ‚Sache' oder ‚Fall' abstempeln."

Gespräche mit einem Ratsuchenden auch bei einer Krankenvorstellung im Mitarbeiterseminar laden zwanglos zu immer selbständigerem Kontakt zwischen dem Hilfsbedürftigen und den jüngeren Mitarbeitern ein. Wenn und nachdem mehrfach die Vorgeschichte durch einen erfahrenen Fachmann erhoben wurde, folgt die Frage: „Möchte jemand von Ihnen noch etwas erfragen?" Nach einigen Wochen mag sich der „Ausbildende" fast völlig zurückhalten und nur noch einladen: „Wer möchte heute das Gespräch mit dem Ratsuchenden führen?"

Die anschließende Diskussion mag – möglichst aus dem Kreis der Laienhelfer selbst – erkunden, wo noch Lücken oder Ungeschicklichkeiten der Formulierung zu verbessern sind.

In weitem Umfang ist es heute üblich geworden, Gespräche mit Ratsuchenden auf *Tonband* aufzunehmen und bis in alle Einzelheiten von Wortlaut, Stimme, Zuwendung usw. zu analysieren.

Vor allem werden dabei die Wechselbeziehungen zwischen den Gesprächspartnern untersucht, z. B. sogenannte „Selbstkongruenz und Echtheit", „emotionale Wärme und innere Anteilnahme", sogenanntes „empathisches Verstehen" und „Einfühlungsvermögen".

Soweit in einer planmäßigen Ausbildung in der Gesprächstherapie nach Rogers, Truax, Carkhuff und Tausch diese Fähigkeiten oder sogenannten Variablen durch Übung und Selbsterfahrung zielstrebig vermittelt werden, gebührt den Tonbandanalysen als objektiven Grundlagen über den Verlauf hohe Wertschätzung.

Eine Methode, die für die wissenschaftliche Forschung und Methode unentbehrlich ist, muß aber im praktischen Beratungsgespräch und in der Ausbildung von Laienhelfern auch in ihren Grenzen erkannt werden.

Gerade die von dem verdienstvollen amerikanischen Psychologen Carl Rogers (geb. 1902) erhobene – grundsätzlich richtige – Forderung: „client-centered", also ausschließlich auf die Anliegen des

Ratsuchenden bedacht, vorzugehen, darf bei der Forderung nach *Tonbandaufnahmen* nicht in ihr Gegenteil ausarten und erweist sich bei der praktischen Beratung in solcher Lage oft als undurchführbar: Das notwendige Einverständnis zur Tonbandaufnahme bei dem ersten Gespräch läßt manchen mißtrauisch werden oder stößt ihn ab. Bei Paranoiden (Verfolgungsfürchtigen) kann schon an solcher Frage der Kontakt endgültig scheitern. Wenn ein Beratungsgespräch einem anderen Ziel dient als dem Helfen – und wäre es auch ein wissenschaftliches Ziel –, ist das Vertrauen gefährdet: Wir sind für den Ratsuchenden da, nicht umgekehrt.

Wenn später die Beziehungen gefestigt sind, mag die Bitte um eine Tonbandaufnahme gerechtfertigt sein, sofern der Patient weder Grund noch Neigung hat, um die strikte Geheimhaltung besorgt zu sein.

Manche Ratsuchende können nicht mehr unbefangen sprechen, wenn ein Tonband läuft. Manche Anrufer fragen mitten im Gespräch: „Läuft bei Ihnen etwa ein Band mit?" Wir müßten dann entweder lügen oder das Vertrauen – nicht nur dieses Anrufers verlieren.

Die Gefahr, daß auch ohne jede Absicht die Schweigepflicht leiden könnte, ist bei Tonbändern höher, da niemand ihnen von außen den Inhalt ansieht; sie lassen sich – trotz Beschriftung – leichter verwechseln als Krankengeschichten.

Nachdem vor einigen Jahren um ein halbes Jahrhundert verspätet endlich auch in Deutschland eine Ausbildung in Seelsorge und dem sogenannten „clinical training" begann, konzentrierte sie sich leider recht einseitig auf die Methodik des Gesprächs. Wahrscheinlich habe ich als erster in Deutschland – in meiner damaligen Zeitschrift „Wege zum Menschen" und „Der Weg zum Kranken" (seit 1949) – mich für die Seelsorgeausbildung im „clinical training" eingesetzt und dieses Fach in den USA lange gelehrt. Heute richten sich meine Bedenken gegen das Überbetonen der Technik; denn Seelsorge ist viel mehr als eine Gesprächsmethodik; sie muß Ausdruck und Folge der echten Frömmigkeit und selbstlosen Gesinnung sein.

In der Ausbildung von Laienseelsorgern spielen Tonbänder und Methoden der Gesprächstherapie also eine untergeordnete Rolle.

c) Verbesserung von Briefen

Nicht nur aus Gesprächen läßt sich ein Laienhelfer beurteilen; auch schriftliche Aufzeichnungen geben dazu Gelegenheit, besonders die Briefe an Ratsuchende, die täglich geschrieben werden müssen. Anfangs werden Antwortbriefe diktiert. Später beantwortet ein Laienhelfer äußerliche Anfragen selbständig, z.B. ermutigt er mit anteilnehmenden Worten einen Ratsuchenden zu einem Telefongespräch oder zu einem Besuch. Auf einer weiteren Stufe mögen Hinweise sinnvoll sein: „Erkundigen Sie sich doch zunächst, ob der Absender in ärztlicher Behandlung ist, wie die Diagnose lautet, empfehlen Sie ihm sonst den Dr. N. N., und trösten Sie ihn!“ Schließlich läßt sich in einem Endstadium der Ausbildung ein Brief zum selbständigen Antworten übergeben, den der Laienhelfer auch unterzeichnet.

Kein Unheil kann dabei entstehen; denn falls ein Brief wichtige Gedanken vermissen läßt, können sie noch angefügt werden, Stil oder Inhalt müssen notfalls in einer zweiten Fassung, die selten erforderlich ist, dem Bedürfnis des Absenders noch stärker angepaßt werden.

Das Kapitel „Briefseelsorge“ (aus meinem Handbuch der Selbstmordverhütung) und die Forschungen BUSEMANNS über Stilanalyse können hier nicht zusammengefaßt werden; offenkundig aber bietet der gemeinsame Briefwechsel mit Verzweifelten nicht nur einen wichtigen Weg der Ausbildung, sondern auch einen Maßstab für die Beurteilung des Laienhelfers.

d) Studium verschiedener Aufzeichnungen und Protokolle

Aufzeichnungen über Telefongespräche, über Hausbesuche, über Seminarsitzungen, über Fachaufsätze oder -bücher und gelegentlich ein Tonband geben ähnliche Anlässe zum helfenden Verbessern.

Die Hinweise beginnen mit Äußerlichkeiten: „Wenn Sie grundsätzlich einen Rand bei Ihren Protokollen lassen, z. B. etwa sechs cm, haben wir noch Platz für weitere Notizen, Fragen oder spätere Ergänzungen“, oder „Wenn wir bei jedem Ratsuchenden möglichst bald am Anfang Alter und Beruf vermerken, dann können wir uns leichter einen ersten Eindruck verschaffen“, oder der Ausbildende schreibt stillschweigend bei jedem Protokoll selbst das Datum dazu – oder er fragt danach –, bis deutlich wird: Auf jeden Bericht gehört das Datum!

Inhaltliche Unklarheiten lassen sich im Gespräch klären, oder eine entsprechende farbige Frage am Rand macht auf die Lücke aufmerksam.

Für jede solche Verbesserung gilt eine pädagogische Grundregel, die ich seit 30 Jahren bei jeder der vielen täglichen Korrekturen von Schulheften anwende: Mit grüner Farbe vermerke ich alles Erfreuliche, Gelungene nach Inhalt und Ausdruck – und mit der roten Farbe (wie es schon die alten Ägypter taten), was zu verbessern ist. Aus beiden läßt sich lernen. Anerkennung ermutigt. Der Verbrauch der Tinte roter und grüner Farbe erinnert mich notfalls daran, mit der Anerkennung ja nicht zu sparsam umzugehen.

Tonbänder werden gelegentlich gemeinsam diskutiert; sie geben dem Laienhelfer die willkommene Möglichkeit, einmal objektiv zu erleben, was J. H. SCHULTZ als besonders wichtige Formel für das Autogene Training empfahl: „Ich höre mich sprechen."

Insgesamt also stehen zahlreiche Wege offen, Laienhelfern das notwendige Wissen zu vermitteln und sich von der sinnvollen Anwendung zu überzeugen, auch ohne daß Prüfungen ein Element der Spannung in die harmonische Arbeitsgemeinschaft tragen.

VI.
Die natürliche Erfahrung der „Laienhelfer“

A) Erfahrungen durch das Leben

1. Eigene Lebenserfahrung

a) Abhängig vom Alter
Alles theoretisch und praktisch erworbene Wissen kann die Lebenserfahrung nicht ersetzen, wie auch andererseits Lebenserfahrungen allein – ohne die Übersicht und Kontrolle durch das Wissen – einseitig ausfallen und für eine Helfertätigkeit nicht ausreichen. Gewiß ist nicht jeder ältere Mensch durch die Zahl seiner Lebensjahre allein schon weise. Ebenso gewiß aber wissen zu wenige in unserer Zeit die Werte des Alters und Erfahrungen zu schätzen. Die Massenmedien überbewerten die Kräfte und die Schönheit der Jugend – besonders in Bildern, Filmen und im Fernsehen; aber abgeklärte Besonnenheit, treffsicheres Urteil, Erkennen und Vermeiden von Irrwegen, der Überblick über größere Zusammenhänge, über häufige Verbindung von Ursache und Wirkung sowie allgemein der Blick und das Ohr für die häufigsten Störungen, Schwierigkeiten und ihre Gründe, das alles wird heute im Gegensatz zu früheren Zeiten verkannt oder gar mit Schlagworten abgewertet: „Die Alten sind sowieso verkalkt.“

Arbeitsphysiologische und Leistungsuntersuchungen haben erwiesen: Geschwindigkeit und Körperkraft von jüngeren Arbeitnehmern übertreffen im Durchschnitt die älteren. Durch die erfahrungsbedingten Kenntnisse aber und vor allem das ausdauernde, gewissenhafte und sorgfältige Arbeiten (mit wesentlich geringeren Arbeitsversäumnissen – z.B. wegen angeblicher oder wirklicher Krankheit, kurz durch ihr Pflichtbewußtsein) übertrifft die durchschnittliche Arbeitsleistung der älteren Arbeitnehmer die der jüngeren beträchtlich.

Schwer wiegt im Bereich zwischenmenschlicher Hilfe die Erfahrung bei Fachleuten und Laien. Wer schon tausend Depressive gesehen und begleitet hat, der wird die Krankheit bei dem nächsten Patienten in einem Bruchteil der Zeit diagnostizieren und ungleich viel wirksamer angehen als der Unerfahrenere.

Überfordert wäre ein 20jähriger Laienhelfer vor der Aufgabe, ein alterndes Ehepaar in den Krisen von Gewöhnung und sexueller Schwäche zu beraten. Zwanzigjährige sind als Laienhelfer für andere Beratungen geeignet.

Dankbar erinnern wir uns an einen jüngst verstorbenen Mitarbeiter, der vor 15 Jahren als 20jähriger Student der Pädagogik nach einer dreijährigen Ausbildung regelmäßig Schüler in ihren persönlichen und schulischen Schwierigkeiten betreute.

Allgemein aber gilt der Grundsatz: Je erfahrener die Laien-Mitarbeiter in ihrem Dienst die Beobachtungen und Erkenntnisse aus den zurückliegenden eigenen Lebensjahrzehnten einsetzen können, um so fruchtbarer wirken sich die gütige Gelassenheit, die ruhige Reife und jene mütterliche oder väterliche menschliche Wärme auf den Ratsuchenden aus, über die ein junger Mensch noch nicht verfügen kann.

Von unseren fünf, größtenteils ganztags tätigen Mitarbeitern beträgt das durchschnittliche Lebensalter 55 Jahre, von denen jeder 16 Jahre der Erfahrung überblickt im täglichen Umgang mit Ratsuchenden und Verzweifelten. Die älteste, ständig und vorbildlich – vorwiegend mit Krankenbesuchen – tätige Mitarbeiterin erlag im Alter von 93 Jahren in voller Tätigkeit einem plötzlichen Tod, und der jüngste starb nach zwei Jahrzehnten des Dienstes mit 37 Jahren. Nur wenige Mitarbeiter lassen sich hier nennen, an Beispielen ist jedoch der hohe Wert der Erfahrung in der praktischen Laienhilfe hervorzuheben.

b) Abhängig vom Lebensschicksal

Letztlich ergeben nicht Jahre die Lebenserfahrung, sondern das eigene Schicksal. Wer zurückgezogen im Einerlei des Alltages untergeht, mit begrenzten Interessen und weithin verschlossenen Sinnen gleichsam „im Scheuereimer ertrinkt" und nur an den nächsten Familienangehörigen Anteil nimmt, der wird auch bis ins Alter keine nennenswerten Lebenserfahrungen sammeln. Wer aber durch eigenes schweres Leid gegangen ist und dabei einen bleibenden Halt fand, der wird auch anderen in ähnlichen Nöten beistehen können. Freilich haben wir manchen Leidgeprüften und vom Schicksal Geschlagenen gefunden, den der Verlust von Heimat und Haus, von Lebenspartner und Kindern nur verbittert hat.

Wer in Klagen und Anklagen enttäuscht und vergrämt aus Leiden und Verlusten nichts gelernt hat als Neiden und Hadern, der hat die Aufgaben seines Lebens nicht erkannt und gelöst, der kann anderen Menschen auch nicht mit seinen Erfahrungen weiterhelfen.

Zwei Wege stehen bei jedem schweren Lebensschicksal von Trennung und Trübsal, von Krankheit und Schmerzen, von Not und Tod vor uns: entweder wir lernen – und sei es mit übermächtiger Anstrengung – die Herausforderung des Schicksals anzunehmen, mit eiserner Anstrengung oder gelassener Entspannung (Autogenes Training) an der Gesundheit zu arbeiten, Verluste auszugleichen, eine verlorene Partnerschaft schließlich durch eine neue zu ersetzen (statt ihr ewig, fruchtlos und depressiv nachzugrübeln), entweder also wir „bauen von neuem, was Neid zerschlug" (R. KIPLING) – oder aber wir lernen, das unabänderliche Schicksal nicht minder aktiv auf uns zu nehmen und zu tragen. Nicht ein passives und resignierendes Sich-abfinden mit dem Nachtrauern um „vergangene Herrlichkeit" ist hier gemeint, sondern ein dankbarer Rückblick auf jeden – besonders den inneren – Reichtum, den uns das Leben in jeder neuen Begegnung mit einem Menschen, einem Land und seinem Volk, einer Schöpfung der Natur oder der Kunst beschert hat.

Solche dankbar rückblickende Freude wird ergänzt durch das Auskaufen der verbliebenen Zeit mit ihren Möglichkeiten zur Arbeit und zur Freizeit. Jede Stunde erquickenden Schlafes, jeder Augenblick ohne Schmerzen, jedes Buch, das uns teilnehmen läßt an dem Reichtum des Denkens und Erlebens anderer Menschen, jede Erinnerung in Bildern und Briefen, alle Gegenstände und Gastgeschenke werden zu Gründen für ein nicht minder dankbares Auskosten der Gegenwart.

Auch das Alter mit seinen zunehmenden Gebrechen muß die Freude an der Zukunft nicht mindern, sondern will nur lehren, die eigenen Leistungen den verbliebenen Kräften anzupassen.

Insgesamt also sollen und wollen die Schicksalsschläge des Lebens durch aktives Überwinden oder nicht weniger aktives Tragen jene Charakterhaltung als Frucht und Folge zeitigen, die uns in den Stand setzt, gerade auch als Laien, andere von Sorgen beladene und von Leid heim-gesuchte Menschen zu stützen, zu tragen und zu trösten.

Unsere Mitarbeiter hatten überdurchschnittlich viel Leid zu tragen und zu überwinden, besonders bei dem Verlust ihrer Angehörigen; auch und gerade als Laien können sie daher in dieser Lage von den eigenen Erfahrungen her den Ratsuchenden Mut zusprechen.

c) Abhängig vom Austausch mit anderen Menschen

Nicht nur die eigenen Erfahrungen zählen bei der Beratung durch

Laien, sondern auch die, die von anderen Menschen in den täglichen Gesprächen begleitet werden.

„Es ist schon 4 Uhr morgens, mein Mann (meine Frau, meine Tochter) ist noch immer nicht nach Hause gekommen. Ob er sich umgebracht hat?" Diese Frage wurde schon fast 700mal in jeweils abgewandelter Form an uns gerichtet. Etwa 10mal lag tatsächlich eine berechtigte Sorge um ein tragisches Ende vor; meist aber fanden sich – vielleicht bedauerliche, aber recht natürliche Gründe für ein längeres Ausbleiben. In all diesen Situationen gilt es, die Zeit bis zur Klärung zu überbrücken, die geängstigten Angehörigen zu beruhigen.

Auf vielen Gebieten lehren uns die Erfahrungen, optimistisch zu urteilen. Wenn unsere Laienhelfer Jahre hindurch täglich erleben, daß die zutiefst hoffnungslosen Depressiven noch vor dem Ablauf von sechs Wochen durch die neuen Psychopharmaka von ihrem Weinen und ihrer Bedrückung befreit, gleichsam neue Menschen geworden sind, dann können sie aus diesen Erfahrungen anderen Depressiven Mut zusprechen.

Die ständige Verbindung zu dem pulsierenden Leben, die Freude derer, deren kranke Ehe sich heilen ließ oder die nach einer toten, begrabenen, also geschiedenen Ehe eine neue Harmonie erlebten, die Dankbarkeit der Geheilten, die Heimkehr verlorener Kinder, die Befreiung, nachdem Konflikte gelöst wurden, das alles sind fast tägliche Erfahrungen von Laienhelfern, bei denen eigenes und fremdes Bangen sich zu der Gesamterfahrung verbinden: Lebenshilfe jeder Art, gerade auch durch Laien, führt trotz mancher Enttäuschungen zu der insgesamt beglückenden Grundhaltung eines weiterwirkenden Optimismus. Der große Chirurg August Bier sagte einmal: „Wichtiger als alle ansteckenden Krankheiten ist eine ansteckende Gesundheit."

Die Lebenserfahrungen der Laienhelfer – gerade auch in ihrem Austausch mit anderen Menschen – führen zu einem sachlichen, nüchternen, ansteckenden Optimismus.

d) Abhängig von der Aufnahmebereitschaft, vom Miterleben, vom aktiven Verarbeiten

Erfahrungen sammeln heißt vom Leben lernen. Jeder Lernvorgang aber hängt, wie moderne Pädagogik und Verhaltensforschung zeigen, von vielen Faktoren ab. Dazu gehört auch – aber keineswegs nur – die Zeitdauer des Aufenthaltes in einer Lehrstätte (vgl. S. 94 ff.). Auch der Umfang des angebotenen Lehrstoffes (im Leben oft den schweren Erlbenissen und dem Schicksal entsprechend, vgl. S. 41) steht keineswegs immer in direkter Beziehung zu der Menge des erworbenen Wissens. In jüngerer Zeit erhoffen manche Reformpädagogen, der Umfang der Diskussionen entscheide über das Lernen (vgl. S. 104).

Ohne das Streben nach Vollständigkeit sind drei Hauptfaktoren zu besprechen, unter denen die *Aufnahmebereitschaft* an erster Stelle steht.

Werner GRUEHN hat als Religionspsychologe „die innerlich offene Einstellung" als grundlegende Voraussetzung genannt. Wer nicht bereit ist, aus seinem Schicksal, aus Gesprächen mit anderen Menschen und nicht zuletzt aus eigenen Fehlern selbstkritisch zu lernen, der wird auch keine Erfahrungen sammeln, die ihm selbst und anderen zugute kommen. Zum Teil mag diese Offenheit durch die Anlage und das Wesen bedingt sein – vor allem stellt sie sich als Folge des ernsten Willens zu innerer Verantwortung und zur Arbeit am Charakter ein.

Dem bedeutenden Psychologen Professor Ludwig Ferdinand CLAUSS verdanken wir die Forschungen zum „Miterleben" (vgl. S. 40). In einer Stufenfolge müssen wir vom Hören zum Zuhören und weiter noch über ein Nacherleben hinaus zum Miterleben fortschreiten, wenn wir vom inneren Verstehen her Erfahrungen sammeln und von da her einen Ratsuchenden begleiten wollen.

Doch selbst ein solches Miterleben bliebe noch unvollkommen, wenn es zugleich mit dem anderen Menschen unseren Augen und unserem Nachsinnen entschwinden würde. Das unterscheidet den oberflächlichen von dem erfahrenen Menschen: nur der Reifende und Gereifte verarbeitet die Eindrücke und Erlebnisse, er setzt sich mit ihnen auseinander, beurteilt sie, fügt sie in sein Lebens- und Persönlichkeitsbild ein und läßt sich durch Erlebnisse prägen oder gar um- und neu gestalten.

Solche innere Haltung und Verhaltensweise hängen nicht ab von der Vorbildung oder einer Prüfung. Auch Laien sammeln Lebenserfahrungen, die ihren Charakter zu verstehenden, gütigen, weisen, hilfsbereiten und -fähigen Mitmenschen wandeln.

2. Grenzen der Hilfe bei fehlender eigener Erfahrung

Seit Jahrzehnten wird – vorwiegend von grundsätzlich vorgeprägten Standorten aus – darüber diskutiert, ob für ein wirkliches Verstehen und für eine wirksame Beratung eigene Erfahrungen notwendig sind. Mit mehr oder weniger Recht erwarten Eheleute mit Sexualschwierigkeiten von ihrem Ratgeber, er müsse verheiratet sein, um zu verstehen, wie die gestörte sexuelle Harmonie auch ihr Alltagsleben beeinträchtige. Kann ein solcher einleuchtender Mangel aber zugleich bedeuten: Wer Homosexuelle berät, muß selbst homosexuell sein? Wer Prostituierte berät, muß sich prostituieren? Kann nur der Drogenabhängige die anderen Abhängigen verstehen und ihnen helfen? Gar nur der Verbrecher auf Verbrecher einwirken?

Nur allzu leicht wird mit den letztgenannten Fragen das gesamte Problem vorschnell und allgemeingültig abgehandelt.

Wenn gar bei den Beratungen die tiefgreifendsten Lebensprobleme betroffen sind, die weit über die logischen Bereiche des Verstandes und selbst über die rein ethischen Fragen der Moral hinausreichen, dann sind genauere Unterscheidungen erforderlich. Sie sollen hier aus Raumgründen eher zusammengefaßt werden als Summe eigener Erfahrungen aus fast vier Jahrzehnten der Lebensberatung denn als Ergebnis theoretischer Forschung, wenn auch zwischen beiden keinerlei Widerspruch besteht.

Einerseits wird niemand erwarten oder gar verlangen, daß ein Arzt alle die Krankheiten zuerst selbst durchlitten haben müsse, die er kundig und wirksam behandeln will. Andererseits habe ich persönlich die fast vier Jahre meines Lebens, die ich als Patient in Kliniken zubringen mußte, mit all ihren Schmerzen, den schlaflosen Nächten, den Operationen usw. als den wertvollsten und lehrreichsten Teil meiner ärztlichen Fortbildung ansehen gelernt.

In aller Regel wird der sexuell „Gesunde“ den sogenannten „Abwegigen“ oder „Perversen“ weit eher verstehen können, als dies umgekehrt der Fall ist.

Nur lassen sich alle solche Aussagen schwer begründen und beweisen. Nur allzu weit hängen sie auch von der Persönlichkeit der einzelnen Menschen ab.

Immerhin ergeben sich drei Gruppen von jeweils weiten oder engen Grenzen, innerhalb deren eigene Erfahrungen für eine Beratungstätigkeit – auch von Laien – überflüssig, wünschenswert oder notwendig sind.

a) Überflüssige eigene Erfahrungen für die Beratung von ethisch Entgleisten oder Gefährdeten

Laienhelfer sind berufen, nicht zu richten (mit der scheinbaren Ausnahme der „Laienrichter“, vgl. S. 11), sondern zu helfen; aber wenn sie das wollen, so müssen sie nicht zuvor selbst straffällig geworden sein. Gerade die ausgeglichene Ruhe und Stabilität des eigenen Lebens, das deshalb nicht krisen- und versuchungsfrei verlaufen sein muß, ist geeignet, einem Gefährdeten Halt und Vorbild zu vermitteln: Versuchungen allein sind noch kein Grund für ein Entgleisen. Vergleichbares gilt für diejenigen, die von harten Drogen, von Rauschgiften abhängig sind: wer unter Schmerzen leidet, muß deshalb nicht morphiumsüchtig werden.

Wer von wirtschaftlichen, besonders geschäftlichen Rückschlägen heimgesucht wird, muß deshalb noch keineswegs zu spielen, zu spekulieren oder gar zu stehlen beginnen.

Charakterfestigkeit wirkt hier besser und wiegt schwerer als eigene Erfahrungen.

b) bedingt wünschenswerte Eigenerfahrungen. Bei einigen Gruppen von Rauschgiftabhängigen, bei Ratsuchenden mit Berufs- und anderen Konflikten

Wer halluzinogene Drogen nimmt und darüber berichten soll (am häufigsten sind es LSD-Abhängige), der wird fast stets zuerst darauf hinweisen: „Das kann ich gar nicht beschreiben – das können Sie gar nicht verstehen." Diese Einwände enthalten einige Wahrheit: Die Erlebnisse unter der Einwirkung dieser Drogen sind so stark affektiv und emotional getönt, enthalten Erlebnisse aus einem fremden Bewußtseinszustand, die sich nicht in rationale Kategorien, also in Worte einordnen lassen.

Erst in einer Serie eigener Versuche lernte ich die Vielfalt und die farbige Wunderwelt der bizarren Bilder, der Todesängste, der Rauschzustände und der Wahrnehmungstäuschungen kennen und konnte nun unvergleichlich besser als zuvor die Ratsuchenden in eben diesen Zuständen verstehen, so daß sich eine gemeinsame Vertrauensgrundlage für die Gespräche ergab.

Solche systematischen Selbstversuche mit sorgfältig dosierter Drogenmenge unter ärztlicher Aufsicht sind aber weit verschieden von unkontrollierter Abhängigkeit und wildem Rausch.

Auch in mehreren anderen Gebieten ermöglichen eigene Sachkenntnis, persönlicher Einblick und kundige Erfahrung ein verständnisvolleres Eingehen auf die Sorgen der Ratsuchenden.

Kürzlich zeigte mir die Witwe eines Lehrers, der sich erhängt hatte, den Abschiedsbrief ihres Mannes, der von den unerträglichen Disziplinlosigkeiten seiner Schüler handelte. „Das ist doch unmöglich", wandte die Witwe ein, „vierzehnjährige Jungen können sich doch nicht verschwören, um einen Lehrer fertigzumachen, er war doch die Güte selbst! Ob er nicht einen anderen Grund zum Selbstmord hatte, vielleicht steht gar eine andere Frau dahinter?"

Auch bei dieser Beratung half nicht nur die allgemeine Erfahrung: „Leider sind heute Lehrer unter unseren Ratsuchenden häufiger verzweifelt und selbstmordgefährdet als die Angehörigen aller anderen Berufe." Beruhigen in ihrem Zweifel konnten sie erst die eigenen Berufskenntnisse als Lehrer, die die Schilderungen ihres Mannes bestätigten und verständlich machten.

Niemand wird von einem Laienhelfer oder einem Fachberater erwarten, daß er in vielen Berufen über eigene Lebenserfahrungen verfügt – immer aber haben wir, wenn es möglich war, Ratsuchende einem Laienhelfer zur Betreuung anvertraut, der aus dem gleichen oder einem ähnlichen Beruf stammte, und haben dann überdurchschnittlich günstige Ergebnisse gesehen.

Mancher unserer Laienhelfer hat schon ein Gespräch (nach dem Anhören des Verzweifelten) so begonnen: „Wie gut kann ich ihren Schmerz nachfühlen, ich habe selbst meinen Mann begraben, ... meine Kinder führen auch ihr eigenes Leben ... usw."

Besonders häufig – schon über hundertmal – erkannten Studenten die Schwierigkeiten, die der Fortsetzung oder dem Abschluß ihres Studiums entgegenstanden. Sie wollten aufgeben oder mindestens umsatteln. Aus eigenen Erfahrungen stammten die Gründe für den eindringlichen Rat: „Schließen Sie aber zuvor das Studium ab, in das sie schon ... Semester investiert haben, dann können Sie immer noch einen anderen Beruf wählen." Nach bestandener Prüfung ist das dann kaum je geschehen.

Insgesamt also erleichtern oft die persönlichen Erfahrungen – gerade auch der Laienhelfer – das Einfühlen in die Nöte der Hilfsbedürftigen.

c) Notwendige eigene Erfahrungen in den tiefsten Lebensbereichen – besonders des Glaubens und einer ganzheitlich erlebten Sexualität

In vielen sozialen Berufen sind (oder besser scheinen) die religiösen Fragen belanglos. Wer Beihilfen verteilt, Reisen organisiert, für Altenspeisungen sorgt usw., der hat mindestens zunächst nichts mit religiösen Fragen zu tun. Wer aber von den eigentlichen Ängsten erfährt, wer gar in einer Telefonseelsorge arbeiten oder Sterbende besuchen will, der muß auf die Fragen gefaßt sein: „Und was ist der Sinn meines Lebens? Kann Gott mir verzeihen, wenn ich mich jetzt erschieße?"

Wieviel Sterbende habe ich fragen hören: „Gibt es ein ewiges Leben und einen Gott der Liebe? Glauben Sie daran?" Wer in solchen letzten Nöten nicht aus den Erfahrungen des eigenen Glaubens Zuversicht, Trost und Mut zusprechen kann, der darf sich als Laienhelfer nicht solchen Fragen aussetzen; er würde sonst mehr Verlassenheit und Verzweiflung verbreiten, als Hilfe spenden.

In einem anderen Bereich, ähnlich tief im Zentrum der Persönlichkeit verwurzelt, ist die Antwort umstritten, ob eigene Lebenserfahrungen die ratenden Gespräche begleiten müssen: Sind eigene Erfahrungen erforderlich, um die zu verstehen und zu beraten, die von Störungen, vom Sorgen und vom Sehnen in einer tiefen, die gesamte Persönlichkeit erfassenden Liebe – auch sexueller Art – zu berichten wissen? Das ist eine Mehrzahl der Ratsuchenden.

„Eigene Erfahrungen sind dazu keineswegs erforderlich", so habe ich oft gelesen, und tatsächlich läßt sich viel Wissen auf diesem Gebiet erwerben und weitergeben auch ohne Erfahrungen.

In dem überfüllten Auditorium maximum der Universität Marburg hielt 1946 der Studentenpfarrer, ein Jesuitenpater, eine Vorlesung über Sexualität, die zu dem Besten und Hilfreichsten gehörte, was ich bis damals je gehört oder gelesen hatte zu diesen Fragen. Außerordentlich weise und beherzigenswerte Worte über die Ehe teilte er ohne eigene Erfahrung mit.

Auch bei anderen Gelegenheiten lernte ich recht kundige und gütige katholische Beichtväter kennen, die sicher ihre Gemeindeglieder auch in diesen Fragen seelsorgerlich treu begleiten.

Aber das sind Ausnahmen, die die entgegengesetzte Regel bestätigen. Die Aufgabe dieser Zeilen ist es nicht, einen Beitrag zu den überreich diskutierten Problemen der Enzyklika „Humanae vitae" oder zum Zölibatsproblem zu leisten, sondern aus den umfassenden Erfahrungen der Telefonseelsorge und der Ärztlichen Lebensmüdenbetreuung aus vielen Tausenden von Gesprächen zusammenfassend – nicht anklagend, aber beschwörend und stellvertretend für ein Heer von Seufzenden und Zweifelnden, von Ringenden und Verzweifelten – zu betonen: Laßt sie nicht länger allein mit Normen, Regeln, Gesetzen und Aussagen, die nur von Menschen ohne Erfahrung stammen können.

BODELSCHWINGH rief einst, zutiefst bewegt, was auch heute in diesem Zusammenhang gilt: „Helft schnell, sie sterben sonst darüber!"

Zutiefst widersinnig und bedauerlich unerfahren muß die veraltete Frage erscheinen, die noch jüngst ein bedeutender Psychologie-Professor und katholischer Theologe, Ignace LEPP, in einem Buch aufwarf: Ist geschlechtliche Enthaltsamkeit gesundheitsschädlich?

Mögen solche Frager einmal nach Finnland reisen und in der Abgeschiedenheit der gottgeschaffenen Natur nach dem Schwitzbad der Sauna wieder und wieder in die kühlenden Fluten des spiegelnden Sees tauchen, um dann mit einem Gefühl, neugeboren zu sein, nach der Sitte der finnischen Familien das Wochenenddankgebet zu beginnen. Manches Mal war ich dessen Zeuge, und ich stelle mir vor, wie die Antwort lauten würde auf die Frage: Wäre es gesundheitsschädlich, das Saunabad nicht zu erleben, wenn doch ein jeder aus seiner Erfahrung weiß, daß hier eine Quelle für die Gesundheit von Leib und Seele der Familie wurzelt?

Als Wissensdurstiger habe ich die Länder und Meere der ganzen Welt bereist, ihre Aufgaben erforscht und dankbar ihre Schönheit geschaut – wie könnte ich je fragen, ob es schädlich gewesen wäre?

Als Sportflieger habe ich die neue, die dritte Dimension des Luftraumes mit unendlicher Freude erobern gelernt; dann will ich nicht mit jenen streiten, denen solches Erleben fremd ist, ihnen aber das Recht absprechen, das Fliegen zu verurteilen nur, weil schon einmal jemand abgestürzt ist.

Solange das Gebiet von Sexualität und Liebe den Hauptkonfliktbereich der Selbstmordgefährdeten stellt und solange viele Unerfahrene und Unkundige sich das Urteilen und Raten oder gar ein Gebiet anmaßen, brauchen wir darum Laienhelfer, die ausgebildet und durch ihr Leben erfahren sind, die Verstehen und Vertrauen wecken und darum raten und buchstäblich retten können. Laienhelfer raten hier meist lebensnäher und frei von Vorurteilen, die ihnen eine Berufs- oder gar Gehorsamspflicht auferlegt.

B. Erfahrungen durch die praktische Laienarbeit

Die wichtigsten Erkenntnisse und Verhaltensregeln, die bisher besprochen wurden – oder die keiner näheren Erläuterung bedürfen –, sollen sich als Zusammenfassung in eine merkfähige Kurzform einprägen.

Zwanzig Ratschläge für den praktischen Umgang von Laienhelfern mit Hilfsbedürftigen

1. *Ehrfurcht vor jedem ehrlichen Ratsuchenden bekunden!*
   Nicht geringfügig scheinende Anliegen abweisen, sondern hinter objektiv leichten Nöten die subjektiv schweren beachten, also jeden aufrichtigen Menschen ernst nehmen!

2. *Persönlichen Namenskontakt anbieten!*
   Nicht die Anonymität des Anrufers durchbrechen wollen, sondern als Mensch zum Menschen sprechen,
   also sich vorstellen, sobald es sich ergibt, und eine persönliche Vertrauensbeziehung aufbauen!

3. *Auf den Ratsuchenden konzentrieren!*
Nicht eigene Probleme anbringen wollen und nicht ablenken lassen, sondern innerlich zuwenden,
also ganz für den anderen da sein!

4. *Besonnen hören und raten!*
Nicht vorschnell Patentlösungen anbieten, sondern sachlich und schrittweise vorgehen,
also eine innere Entwicklung anbahnen!

5. *Mit dem Ratsuchenden selber sprechen!*
Nicht nur von den Angehörigen Berichte hören, sondern den Hilfsbedürftigen ermutigen (lassen), sich selbst zu melden,
also keine Hilfe über Dritte erteilen!

6. *Gespräche gegebenenfalls verschieben!*
Nicht alle Depressiven, Alkoholkranken u.a. lange sprechen lassen, sondern Verständnis vermitteln, daß ein späteres Gespräch fruchtbarer verläuft,
also den richtigen Zeitpunkt für Gespräche wählen!

7. *Immer freundlich bleiben, aber auch bestimmt werden!*
Nicht sich beschimpfen lassen, sondern ruhig und notfalls bestimmt auf die Mindestanforderungen für ein höfliches Gespräch achten,
also Menschenwürde bewahren!

8. *Gleichmäßig geduldig bleiben, besonders bei Gehemmten!*
Nicht ohne Kenntnis des Grundes am Telefon unbegrenzt warten, sondern Gehemmte ermutigen und ihnen gegebenenfalls spätere Gelegenheiten zum Sprechen bieten,
also ebenso klar und bestimmt wie bereit und gelassen bleiben!

9. *Gerne Auskunft erteilen!*
Nicht sich ausfragen lassen, sondern nur die persönlichen Probleme der Ratsuchenden besprechen,
also Neugierige freundlich abweisen!

10. *Jedem die Gelegenheit zum Aussprechen bieten!*
Nicht beliebig und belanglos schwatzen lassen, sondern Ehrfurcht vor der Zeit lehren,
also Gespräche immer (wieder) zum Wesentlichen lenken!

11. *Jedem ein offenes Haus bieten – aber nicht jederzeit!*
Nicht zu bereitwillig die Tür öffnen, sondern Hilfsbereitschaft mit notwendiger Nüchternheit und Vorsicht verbinden,

also keinen Unbekannten eintreten lassen, wenn nicht mehrere Helfer anwesend sind!

12. *Zusagen und tun, (nur) was möglich ist!*
Nicht zuviel versprechen, sondern sorgfältig die eigenen Kräfte prüfen,
also auch „nein“ sagen lernen! (Vgl. S. 47)

13. *Jederzeit für Notfälle zur Verfügung stehen!*
Nicht sich ausnutzen oder überfordern lassen, sondern bei nicht so dringenden, längeren oder schwierigen Anliegen eine passende Beratungszeit vereinbaren,
also auch ratende Gespräche sinnvoll organisieren lernen!

14. *Auch die wirtschaftlichen Nöte ernst bedenken und angehen!*
Nicht selbst Geld geben, sondern an die zuständigen Wohlfahrtsorganisationen verweisen,
also: Laienhilfe schließt in der Regel unmittelbare finanzielle Unterstützung aus!

15. *Selbstmordankündigungen besonders ernst nehmen!*
Nicht durch Drohungen sich erpressen lassen, sondern hysterisch Herrschsüchtige erkennen und mit Bestimmtheit leiten lernen,
also ruhige Festigkeit auch bei scheinbaren persönlichen Katastrophen bewahren!

16. *Auf tragbare Umgangsformen achten!*
Nicht ungebührliches Benehmen dulden (z.B. Rauchen, Lärmen), sondern Rücksicht üben lehren,
also, wenn nötig, auch erzieherisch wirken!

17. *Hausbesuche sinnvoll begrenzen!*
Nicht ungebeten und ohne Not erscheinen, sondern alle Gehfähigen einladen,
also nicht selbst in der Rolle des Bittenden auftreten! (vgl. S. 82)

18. *Gefährdete persönlich zum Arzt einladen!*
Nicht durch Gespräche eine notwendige Behandlung ersetzen wollen, sondern den angeknüpften Kontakt bewahren,
also Vertrauen un-unterbrochen vertiefen!

19. *Starke seelische Stabilität bewahren!*
Nicht sich von Depressiven und Verzweifelten beeinflussen lassen,

sondern ihnen einen erfahrungsbedingten realistischen Optimismus entgegensetzen,
also eine „ansteckende Gesundheit“ (August BIER) ausstrahlen!

20. *Religiöse Grundlagen und -fragen klar und unvoreingenommen sehen!*
Nicht aufdrängen und (gar mit Worten) in den Vordergrund schieben, aber auch nicht verdrängen,
sondern in ihrer Bedeutung für Ratsuchende und Laienhelfer an-erkennen,
also ein not-wendiges Bekenntnis ohne Aufdringlichkeit und ohne falsche Scheu ablegen!

VII.
Der tätige Einsatz und das Erleben: „Laienhilfe hat einen Sinn!"

A) Die Frage nach dem Sinn

1. Begriffsbestimmung

a) Umgangssprache und Sprachgeschichte
„Hat denn Ihre ganze Arbeit, hat Ihr Einsatz an Zeit und Mühe überhaupt einen Sinn?", fragen immer wieder interessierte Außenstehende. „Mindestens bei den Drogenabhängigen hat offenbar die Behandlung keinen Sinn; sie werden doch rückfällig!", so zweifeln gelegentlich selbst Mitarbeiter.

„Was ist denn der Sinn des Lebens?", so lautet die häufigste Frage unserer Verzweifelten.

Alle diese Anliegen stellen uns vor die Aufgabe, zu klären, was wir unter dem „Sinn" verstehen.

Das alt- und mittelhochdeutsche „sin" ist mit dem althochdeutschen „sind" verwandt und bedeutet zunächst Weg und Reise (vgl. senden, Gesinde) und ist dem lateinischen „sentire", fühlen, verwandt. Es hat den gleichen Bedeutungswandel vom Äußeren zum Seelischen durchgemacht, wie das Wort „er-fahren".

b) Das Sinnverständnis vom Gegenteil, von der Sinnlosigkeit her
Manche Begriffe werden erst durch ihren Gegensatz deutlich. Der „Laie" läßt sich am besten vom Gegenteil her, vom Fachmann verstehen. So gewinnt der Sinn sein Gesicht und Gewicht von der Sinn-losigkeit her.

Sinnlos erscheint alles Leben und Wirken, das dem bloßen Zufall ausgesetzt ist; *Plan und Ziel* dagegen verleihen jeder Arbeit, gerade auch der Laienhilfe ihren Sinn. Solche Ziele mögen bei den einzelnen Ratsuchenden verschieden lauten: Resozialisierung, Genesung, Konfliktlösung, innerer Friede oder gar eine gefaßte Einstellung zum eigenen Sterben.

Sinnvolle Laienhilfe kennt also ihren Weg und ihr Ziel.

Sinnlos ist weiter alles Leben und Wirken, das tiefer in die Vereinsamung führt. Der Mensch ist ein „zoon politikon", ein Lebewesen, das auf Gemeinschaft, auf Liebe, auf Verstehen und Verständigung angelegt ist. Wird der Mensch durch Tod, Gefangenschaft, Krankheit oder anderes Schicksal aus seinen zwischenmenschlichen Bindungen gelöst, so erfährt er sein Leben als sinnlos.

Das ist die Lage der Mehrzahl unserer Ratsuchenden. Zu den Hauptaufgaben unserer Laienhelfer gehört es darum, *menschliche Bindungen* wieder*herzustellen*, die Voraussetzungen für sie zu schaffen, die Wege zu ebnen und in der erfahrenen zwischenmenschlichen Beziehung den Sinn der (Laien-)Arbeit zu finden.

Das gilt nicht nur für die Hilfsbedürftigen, sondern auch für die Helfer: fortschreitende Einsamkeit birgt wachsende Gefahren einer „zentripetalen" (ichbezogenen) Einstellung.

Sinnvoll also wirkt jede Laienhilfe – auch für den Hilfswilligen –, die einen Einsamen zu einer „zentrifugalen", selbstlosen, „wir-haften" Haltung umpolt.

Sinnlos wirkt jedes Vernichten und Zerstören von brauchbaren, nützlichen, wertvollen Dingen oder ideellen Werken. Völlig sinnlos mußte darum im Kriege die Zerstörungswut aller Parteien und Mächte erscheinen.

Heinrich BÖLL hat dieses Thema bearbeitet, als er von der wiederholten Sprengung einer Brücke berichtete, die immer wieder mühsam monatelang erbaut, bald nach der Fertigstellung von den hin und her zurückweichenden Truppen zerstört wurde. Sinnlos vernichten Terrorakte, Bombenwürfe und andere Aggressionshandlungen extremistischer Anarchisten, was liebe-, mühe- und oft kunstvolle Arbeit geschaffen hat, von Menschenleben ganz zu schweigen.

Sinnvoll dagegen ist jede *Tätigkeit, die aufbaut*, die Bewährtes erhält und Neues schafft.

Wo immer Laienhilfe durch praktische Arbeit das Leben von Hilfesuchenden erleichtert, geschieht eine aufbauende, also sinnvolle Arbeit. Wer gar im ideellen Sinn Vertrauen, Eintracht, Duldsamkeit und Verständnis begründet, der überzeugt erst recht durch diese Arbeit von ihrem Sinn.

c) Das Sinnverständnis vom Wertbegriff her

Verwandt mit dem Sinn ist der Wert. Werte vernichten heißt sinnlos handeln, *Werte* dagegen *schaffen und bewahren* bedeutet dem Leben und Arbeiten einen Sinn verleihen. Die Werte lassen sich in Systeme und Schichten einordnen, von denen hier keine Einzelheiten mitzuteilen sind. Die materiellen Werte des Besitzes sind sicher nicht so hoch einzuordnen, wie z.B. die „bionomen“ Werte der Gesundheit oder die geistigen Werte von Wahrheit, Schönheit und Gerechtigkeit.

Sinnlos muß dann jedes Handeln sich auswirken, das dem „Werterleben“ (im Sinn von W. GRUEHN) im Wege steht. Sinnvolles Handeln dagegen fördert das Werterleben.

Laienhelfer erfahren den Sinn ihres Tuns, weil sie fast täglich Zeugen werden, wie die Werte von Freude, Kraft, Harmonie, Gesundheit und innerer Freiheit wieder in den Herzen der zuvor Schwachen und Kranken Raum gewinnen. Wo Menschen wieder tun, was recht und gut ist, die Wahrheit sagen und die Schönheit schauen, da hat das Leben wieder seinen Sinn bekommen. Eben dies aber sind Folgen und Früchte der Laien-Arbeit.

Die höchsten Werte aber liegen im religiösen Bereich von Glaube, Liebe und Hoffnung, und hier findet Laienhilfe ihre reichste, weil überzeitliche Erfüllung, wenn Menschen einen Frieden finden, der nach ihrer Überzeugung nicht einmal mit dem Tod endet.

Je höher die Werte im geistigen Bereich beheimatet sind, die eine Laienhilfe aufbaut, um so stärker wird sie als sinnvoll von beiden Seiten erlebt.

d) Das Sinnverständnis, das in sich selbst wurzelt

Einige Urbegriffe tragen ihren Sinn in sich selbst und lassen sich zum besseren Verstehen nicht durch andere, einfachere erklären. Das gilt von dem Begriff des Lebens mit seinem Ursprung in dem indogermanischen Wort „Lubh“, das Ja-Sagen bedeutet. Jedes Leben bejaht sich selbst“, sagte darum v. BERTALANFFY, „das Auge will sehen und hat Freude am Sehen; das Ohr will hören und hat Freude am Hören; jeder Muskel will sich bewegen und hat Freude daran!“

Doch nicht nur das Leben trägt seinen Sinn in sich selbst, auch der Sinn (soweit er nicht rein biologisch als ein reizaufnehmendes Organ zu verstehen ist) wird zum Wesen eines Gegenstandes oder Geschehens. „Sinn“ heißt damit „Sein“, und alle Seins-Forschung und Philosophie, alle Ontologie und Metaphysik von HEIDEGGER über N. HARTMANN bis zu J. LOTZ führt uns nicht nennenswert über die Grunderfahrung hinaus: Der Sinn alles Seins und aller Arbeit – auch der Laienhilfe – ruht in sich selbst, er ist, wie die Amerikaner fast unübersetzbar sagen: „self evident“.

Praktisch heißt das: einem Urbedürfnis des Menschen entspricht sein Streben, zu wirken und Werte zu schaffen. Einem Urbedürfnis auch tragen seine sozialen Neigungen Rechnung, die das Helfen schon als eine instinkt-ähnliche Verhaltensweise verstehen lassen. Danach trägt jedes Helfen seinen Sinn in sich selbst und fragt nicht nach dem Warum und Wofür.

2. Die „Tiefenschichten“ der Laienhilfe

a) Der „Sozialinstinkt“ in einer biologisch-physiologischen Ebene

Wie tief schon in der Stammesgeschichte der Tiere soziales Verhalten und damit auch ein Helfen wurzelt, das ist längst von den staatenbildenden Insekten bekannt, in denen die vielfältig aufgegliederten Aufgaben jeweils ein „Helfen“ zeigen – bei der Brutpflege, der Verteidigung usw.

Das Streben nach Arterhaltung führt jedoch schon bei den Insekten zu ausgesprochenen Leistungen sozialer Hilfsbereitschaft.

Blattschneiderameisen werden in den Tropen nicht selten von Regengüssen überrascht, die einen Teil des kunstvollen Baues einstürzen lassen. Verschüttete Ameisen senden dann im Ultraschallbereich zwischen 20 und 200 Kilohertz durch Reiben ihrer Unterleibssegmente eine Art „SOS-Ruf“ aus, den die Füße der Ameisen mit den vibrationsempfindlichen Tastorganen wahrnehmen und genau orten, so daß die Suchtrupps die Verschütteten befreien.

Bei denselben Ameisen sichern die Zwergexemplare dieses Volkes ihre vierfach größeren Artgenossinnen vor den tödlichen Luftangriffen der „Ameisenköpfer-Fliegen“ durch einen systematischen „Luftschutz“.

Von kranken Elefanten, Pavianen, Schimpansen und Delphinen stellt Vitus B. D. Röscher in seinem Buch „Die freundliche Bestie“ (Hamburg 1968) weitere Beispiele lebensrettender zielstrebiger Hilfeleistung zusammen – besonders für Verwundete, Kranke und bedrohte Artgenossen.

Die intelligenten Walrosse z.B. tragen oder zerren verletzte Stammesmitglieder in das schützende Wasser, unterschwimmen sie, wenn nötig, tragend und versorgen sie vorbildlich.

Die afrikanischen Stachelmäuse bringen relativ große Junge zur Welt. Einige weibliche Stammesmitglieder haben sich auf eine kundige „Geburtshilfe“ mit vielfältigem Beistand und dem Abbeißen der Nabelschnur spezialisiert.

Gnus und andere Rinder schützen Gebärende und Jungtiere ihres Stammes durch einen Kopf an Kopf Schutzkreis, der dem Angreifer nur gefährliche Hinterhufe bietet.

Viele kleine Vogelarten schützen sich gemeinsam und wirkungsvoll gegen große Raubvögel, ich habe selbst in Washington, D. C., beobachtet, wie mehrere kleine Vögel einer mir unbekannten Art mit systematischen „Luftangriffen" und Schnabelhieben eine große Katze vertrieben, die auf einem Baum ein Nest räubern wollte.

Vielfältiges Helfen ist also schon im Tierreich bekannt.

Dennoch soll nicht vorschnell alles Handeln von Tieren, das uns als offenkundige Hilfe anmutet, auch als solche gewertet sein:

Mögen Affen einander noch lausen, um sich zu helfen – nach EIBL-EIBESFELDT eine Freundschaftsgeste –, schon die beispielhafte „Hilfe" eines Bernhardinerhundes, der einen Verschütteten wittert und freigräbt, wird weithin mitgetragen von seinem Instinkt zu Nahrungssuche und von einer intensiven Erziehungsarbeit.

Unter Tieren bleiben die verschiedenen Arten scheinbarer oder wirklicher Hilfe in aller Regel auf die Angehörigen der eigenen Gattung beschränkt, wo sie darüber hinausreichen, sprechen wir von einer *Symbiose*, die im Pflanzenreich schon bei den Flechten als einer Verbindung von Algen und Pilzen bekannt ist.

Im Tierreich sind die Lebensverbindungen zwischen Einsiedlerkrebsen und Seerosen (die Futter von den Krebsen erhalten und Schutz spenden) besonders bekannt, aber auch die Lebensgemeinschaften zwischen Ameisen und zellulosespaltenden Geißeltierchen gelten als Symbiose.

In einem erweiterten Sinn müßten wir auch die Beziehungen zwischen dem Menschen und seinen Haustieren, zwischen den Blumen und den sie bestäubenden Insekten oder gar Vögeln, ja das gesamte Leben in der Natur als eine einzige Symbiose ansehen.

Insgesamt bietet also einerseits die Tierwelt schon Beispiele für das Streben nach gegenseitiger Hilfe, andererseits aber darf ein zielstrebiges Helfen nicht mit manchen ähnlichen Naturinstinkten zum Miteinanderleben, Aufeinanderangewiesensein und zum „unbewußten" Füreinander-Wirken verwechselt werden.

b) Das „Sozialstreben" in einer psychologisch-anthropologischen Ebene

Sicher mutet bei einigen höheren Tierarten das helfende oder gar rettende Verhalten nicht nur situationsangepaßt, sondern zielstrebig an. Dennoch wird niemand von einer nur dem Menschen möglichen ethischen Entscheidung sprechen oder von einem bewußt selbstlosen Handeln. Doch auch zwischen diesen beiden Ebenen begegnet uns unter dem Menschen als dem am höchsten organisierten sozialen Wesen ein Streben nach gegenseitiger Hilfeleistung, das in einem natürlichen, unreflektierten Bereich vorethischen Verhaltens wurzelt.

Schon unter kleinen Kindern, nicht nur unter Geschwistern, kommt – neben Zügen mindestens scheinbarer Grausamkeit und Selbstsucht – eine ausgesprochene Hilfsbereitschaft vor. Sie zeigt sich beim Spielen, wenn z. B. ein Holzstück einem allein zu schwer ist, und andere packen mit an.

Geschwister sind einem Kleinkind gegenüber meist übereifrig hilfreich und besorgt; und selbst wenn sich Erziehungseinflüsse in dem kindlichen Verhalten widerspiegeln, so bleibt doch das Urerlebnis des Miteinander-Lebens und des Aufeinander-Angewiesenseins auch in der Hilfswilligkeit lebendig.

In einer Schule für Körperbehinderte erlebe ich täglich, wie selbstverständlich ein Kind ein anderes im Rollstuhl fährt, wie andere die Mappen von denen tragen, die noch stärker gelähmt sind. Das gilt für zahlreiche kleine Handgriffe oder Botengänge im Schulalltag, und ohne Zwang oder Aufforderung zeigen sich gerade Behinderte bereit, anderen beizustehen.

Gemeinschaftsleben ist nicht möglich ohne Einordnung und Rücksicht; sie sind ein natürlicher Bestandteil der Arbeitsteilung, die schon bei den ältesten Staatsgründungen mit der gegenseitigen Hilfe beim Bau von Kanälen und Bewässerungsanlagen im alten Ägypten oder im Zweistromland begannen.

Dieses Miteinander-leben und -arbeiten zieht notwendig ein gegenseitiges Einander-helfen nach sich, noch bevor und ohne daß sittliche Entscheidungen zu treffen sind.

c) Die Mitmenschlichkeit in einer philosophisch-ethischen Ebene

Dem Menschen allein ist die Fähigkeit zu freier Entscheidung und damit die Wahl zwischen „Gut“ und „Böse“ gegeben. Scheinphilosophische Debatten, ob nicht doch die Willensfreiheit des Menschen eingeschränkt oder aufgehoben sei, bleiben fruchtlos. Zahllose Beobachtungen des Alltages zeigen uns: der Mensch kann sittliche Entscheidungen treffen!

Kürzlich fuhr eine etwa 40jährige Frau, von der Sonne geblendet, in einer einsamen Straße in Berlin-Zehlendorf auf einen haltenden Wagen auf und verletzte sich schwer. Ein junger Mann, der ersten Hilfe kundig, preßte die heftig spritzende, blutende Arterie zusammen, konnte aber nicht gleichzeitig Feuerwehr und Krankenwagen alarmieren.

Vier Kraftfahrzeuge fuhren langsam vorbei; jeder der Fahrer hörte die Bitte, sich beim Helfen zu beteiligen, alle aber fuhren weiter, obwohl sie die blutende Frau sahen. Einer zeigte sogar den Vogel und meinte: „Ick bin doch nich doof!“ Der fünfte erst hielt an und alarmierte weitere Helfer.

Viele weitere Beispiele der (strafbaren) „unterlassenen Hilfeleistung“ gehören in diesen Zusammenhang, weil sie augenfällig machen: dieser Mensch hätte anders entscheiden können und sollen.

An einem besonders kalten Frosttag im Februar 1950 erlitt in der Steglitzer Schloßstraße ein etwa 50jähriger Mann einen „großen epileptischen Anfall" und lag nach den Schüttelkrämpfen bewußtlos auf den Straßenseiten.

Gemeinsam mit Passanten trug ich ihn in den nächsten Hausflur und bat die Mieter, sie möchten dem Bewußtlosen einen warmen Raum und möglichst ein Sofa zur Verfügung stellen, bis er sich erholt hätte. Doch mir wurde die Tür vor der Nase zugeschlagen mit dem Bemerken: „Der macht uns hier höchstens wat dreckig."

Gewiß tragen Erziehung, Vorbild und Erfahrung wesentlich zum Einüben eines hilfsbereiten Verhaltens bei; andererseits ebnet jede selbständige Entscheidung: hier will ich helfen und nicht an meinen eigenen Vorteil denken, die Bahn für jede weitere Entscheidung in gleicher Richtung.

Die Gesinnung der Liebe ist der des Hasses diametral entgegengesetzt. Wo eine gewissenlose Propaganda zum Hassen oder zum „Kampf gegen den ...!" aufruft, statt Helfen und Lieben zu lehren, da breiten sich Selbstsucht und Unzufriedenheit aus. Wer nur Mißstände kritisiert, statt junge Menschen zum Verwirklichen echter Werte anzuleiten, der versperrt damit den Weg zum sozialen Handeln.

Zwischenmenschliches Helfen also läßt sich nicht trennen von dem Wissen und der Pflege, von dem Erziehen und Einüben einer echten Ethik.

d) Die „Nächstenliebe" in einer theologisch-karitativen Ebene

Auch wer in der Gegenwart helfendes Handeln und soziale Gesinnung gern von allem religiösen und theologischen Hintergrund getrennt wissen möchte, kann weder den geschichtlichen Ursprung noch die Tatsache der Verbreitung, noch den sachlichen Zusammenhang zwischen Glaubenshaltung und helfender Tat leugnen.

Mir ist kein Zweig fachlichen oder laienmäßigen Helfens bekannt, der nicht seine früheste Wurzel in dem Gleichnis von dem barmherzigen Samariter fände und in dessen Gebot: „So gehe hin und tue desgleichen!"

Die wirklichen und die scheinbaren Ausnahmen in dem Helfen und Heilen des ärztlichen Berufes, der seit HIPPOKRATES (um 400 v. Chr.) zahllose selbstlose Vertreter fand, lassen sich hier nicht mit der gebotenen Sorgfalt besprechen. (Anhand zahlreicher Beispiele hat in KITTELS Theologischem Wörterbuch *Oepke* unter dem Stichwort „iaomai" nachgewiesen, welchen grundsätzlichen Wandel der Gesinnung der christliche Glaube auch in die Haltung und das Handeln der Ärzte gebracht hat.)

Wenig bekannt ist der Ursprung des modernen Krankenhauswesens in der Gründung der ersten vorbildlichen Klinik des Bischofs und Arztes BASILIUS von Ankara (372–379), der nicht nur die naturwissenschaftliche Grundlage des medizinischen Forschens durch die sorgfältig erhobene Krankengeschichte einführte, sondern auch den Einsiedlermönchen die Aufgabe der Krankenpflege zuwies.

Wer heute noch in den Ländern ohne christliche Tradition fassungslos nicht nur vor dem Ausmaß an Elend steht, sondern auch jeden Gedanken an eine echte Hilfsbereitschaft (von Ausnahmen abgesehen) vermissen muß, der beginnt zu ahnen, welche Erziehungsarbeit eine christliche Überlieferung in Europa und Amerika durch Jahrhunderte geleistet hat.

Manche Mißgriffe und ein Abgleiten innerer Hilfe in bloße äußere Ver-Anstalt-ung ist hier nicht zu leugnen, aber auch nicht näher auszuführen.

Hier auch liegt ein Unterschied zwischen der „Nächstenliebe" und allen anderen Arten des Helfens. Echte Glaubenshaltung wandelt einen Menschen von innen her. Aufgrund selbsterfahrener Hilfe in zentralen Lebensbereichen, besonders mit der Vergebung der Schuld und der Befreiung von Ängsten, mit der innersten Geborgenheit und dem Wissen um den Sinn des Lebens beginnt eine selbstverständliche Arbeit am eigenen Charakter, die das gesamte psychische Leben durchdringt. Dankbarkeit und Freude bestimmen dann die Lebenshaltung. Andere teilnehmen zu lassen an der selbst erfahrenen Hilfe – nicht durch viele Worte, sondern durch weitergeleitete Tat und Kraft –, das wird zum inneren Lebensziel.

Laienhelfer, die auf solcher Haltung ihre Motivation zum Handeln schöpfen, lassen sich nicht leicht durch negative Erlebnisse entmutigen; sie bringen für ihre verläßliche Beständigkeit, für ihre aufrichtige Zuwendung, für ihr sachliches Handeln, das nur dem Wohl der Ratsuchenden gilt, die unersetzliche Grundlage einer charakterfesten Persönlichkeit mit.

Keineswegs sind Möglichkeit und Wirklichkeit zu leugnen: Umfassende Hilfsorganisationen lassen sich auch durch Zwang und durch einen nicht-religiösen Idealismus aufbauen; wieweit sie damit jedoch den innersten Bedürfnissen von Hilfesuchenden Rechnung tragen, muß nach zahlreichen Erfahrungen und Anschauungsbeispielen bezweifelt werden. Keineswegs besteht das Ziel dieser Zeilen darin, anderer Hilfe als der christlichen einen geringeren Wert zuzuerkennen; eher schon berechtigt wäre ein Aufruf, wie ihn LESSING an die Ring-Parabel seines weisen Nathan angefügt hat: Möge in einem Wettbewerb deutlich werden, welches die edelsten Motive und die fruchtbarsten Wirkungen in den einzelnen Ebenen des Helfens sind! Andererseits lassen sich eindeutige und umfassende international gewonnene Erfahrungen hier nicht verschweigen.

3. Die Laienhilfe als Weg zum Sinn des Lebens

a) Laienhilfe als weiter wirkende Charakterhaltung

Selbst wenn alle äußeren Voraussetzungen von Motivation, von Grundkenntnissen und -erfahrungen gegeben wären und der Laienhelfer „hätte der Liebe nicht, so wäre er ein tönend Erz oder eine klingende Schelle"... auch „wenn er all sein Gut den Armen gäbe...", so „wär' es nichts nütze" (1 Kor 13).

Diese Weisheit des Paulus ist auch heute noch nicht überholt, auch wenn unsere Sprache sich verändert hat und wir eher sagen:

Entscheidend für beide, den Laienhelfer und den Hilfsbedürftigen, bleiben Gesinnung und Charakterhaltung. Kaltes Pflichtgefühl müßte hier ebenso abstoßen wie unechte Freundlichkeit, die früher oder später gruppenegoistische Motive erkennen läßt.

An einem einzigen Tag erlebte ich zwei Zerrbilder einer entgegengesetzten Form von Telefonseelsorge in einer australischen Stadt, von denen ich einige entscheidende Sätze mitgeschrieben habe und – ins Deutsche übersetzt – wiedergebe:

„Sie müssen nicht so viel nach Ihrem Mann fragen und nach seinem Alkoholgenuß, Sie müssen Ihr Herz dem Heiland übergeben und sich bekehren, dann kann Jesus nicht nur Ihre Seele retten, sondern auch die Ihres Mannes. Bekennen Sie ihm Ihre Sünden, kommen Sie heute in unsere Versammlung..."

Diese „Seelsorgerin" war nicht auf das eigentliche Anliegen, die Familiennot durch die Trunksucht des Mannes, eingegangen.

Am Nachmittag des gleichen Tages hörte ich die Beratungen einer gut ausgebildeten Beraterin in einem städtischen Telefonhilfsdienst: „Wenn Ihr Mann Sie verlassen hat und Sie jetzt immer so bedrückt sind und weinen müssen, dann gibt es durchaus Wege der Hilfe – aber ich sehe eben, es ist gerade fünf Uhr, jetzt habe ich Feierabend, bitte rufen Sie doch morgen nach neun wieder unter der gleichen Nummer an."

Laienhelfer dürfen sich gewiß nicht ausnützen lassen und müssen lernen, „nein" zu sagen (vgl. S. 47). Aus all ihren Worten und Taten aber muß jene grundsätzliche Güte und Selbstlosigkeit sprechen, die den Hilfsbedürftigen spüren läßt, daß er angenommen und ernst genommen ist. Das fehlte bei dem zweiten Beispiel.

Freundlichkeit kann mit krampfhaftem Lächeln andressiert sein und wirkt dann unecht. Leicht kommt der Verdacht auf, als könne der gleiche scheinfreundliche Mensch alsbald hinter dem Rücken lästern, klatschen oder boshaft werden.

Mit Worten läßt sich lügen und Hilfsbereitschaft vortäuschen. Den Klang der Stimme aber kann niemand soweit verstellen, daß nicht ein „Anmutungserlebnis" im Sinne von A. BUSEMANN bei dem Hilfsbedürftigen eine innere Abwehrhaltung, ein Mißtrauen wecken würde.

Andererseits offenbaren sich auch echte Güte und Selbstlosigkeit im Klang der Stimme. Fehler in der Gesprächsmethodik wiegen bei weitem nicht so schwer und werden voll ausgeglichen durch jene echte Charakterhaltung, die Helmut STOFFER in seinem Werk über die „Echtheit" als das Durchdringende, Wahre und bleibend Gütige, das Wertvolle und Unverlierbare des Wesens herausgestellt hat.

Die innere Wärme der Zuwendung, das herzliche, ungekünstelte Einfühlungsvermögen, der mitfühlende Ernst oder auch der durchstrahlende, hoffnungsfrohe Optimismus – sie alle prägen nicht nur das Wesen und Wirken eines guten Laienhelfers, sie übertragen sich auch auf den zunächst kleinmütigen Hilfesuchenden. Nicht an eine bloße und dann allzu flüchtige Suggestionswirkung ist hier gedacht, sondern an das innerseelische Übertragen einer Charakterbildung durch ein natürliches Vorbild.

Bei schweren Sorgen sind fast immer mehrere Beratungsgespräche erforderlich. Findet der Ratsuchende dann immer wieder die gleiche Offenheit, das Zuhören, Eingehen und die Geduld, auch wenn die Klagen wiederholt vorgebracht werden, dann erkennt er etwas von der Beständigkeit, Treue und Zuverlässigkeit des Laienhelfers. Wie viele Ratsuchende aber leiden unter der Lebenserfahrung: „Auf andere Menschen ist so wenig Verlaß, besonders, wenn es einem schlecht geht." Wenn sie dann jemanden finden, der ihnen mit Worten zusagt und mit der Wirklichkeit beweist: „Wenn Sie in Not sind, können Sie mich immer, Tag und Nacht, erreichen." Dann gibt solche Haltung ihnen Grund zu neuem Hoffen.

Darin liegt ein Hauptsinn wahrer Lebenshilfe: Sie erschöpft sich nicht in äußerem Raten oder Handeln, sondern schreitet fort von der Charakterbildung des Laienhelfers zur Charakterbildung für den Hilfesuchenden.

b) Laienhilfe als Folge der Charakterbildung

Je weiter die Forschungen und Erfahrungen über das Helfen fortschreiten, um so stärker erweist sich dabei der Begriff des Charakters als grundlegend. Die ungemein schwierige und bedeutsame Frage: „Was können wir tun, um unseren eigenen Charakter zu bilden?"

läßt sich hier nicht ausreichend beantworten. Einige Erkenntnisse waren schon besprochen: Die eigenen Lebenserfahrungen, insbesondere das Leiden, das wir überwinden oder tragen lernen, prägen das innerste Wesen des Menschen, ermutigen und befähigen ihn, anderen helfend beizustehen.

Die Vorbilder großer Persönlichkeiten der Geschichte und Gegenwart wirken durch ihr Zeugnis und ihre Wirklichkeit fort. Nicht Traktätchengeschichten von angeblich fehlerfreien Menschen, sondern lebensnahe Zeugnisse von dem, was Laien noch heute an Beistand leisten und an gütigem Rat wissen, was sie an Trost spenden und an Mut vermitteln, das bildet die Herzen der Zeugen und der Hörer (vgl. S. 23).

Vor allem einer ist über diese Erde gegangen, dessen einzigartiges Vorbild bis heute die Menschen in seinen Bann zieht und sie zur Nachfolge – und das heißt nichts anderes als zur Übernahme seines Charakterbildes – auffordert: Jesus Christus. Nicht ein Hundertstel wissen wir von seinem Leben, aber alles, was es nach der modernen Psychologie über das Charakterbild eines Menschen zu erkennen gilt, ist in den Berichten von diesem Jesus Christus niedergelegt.

Sollte ich die Summe einer jahrzehntelangen Lebensarbeit in einem Satz zusammenfassen, so müßte er lauten:

Jesus Christus ist das Ur- und Vorbild des Charakters schlechthin, und der Sinn unseres Lebens besteht darin, daß wir unseren Charakter von seinem Vorbild prägen lassen.

Ein erster Schritt auf dem Weg zur Arbeit am eigenen Charakter ist die zunehmende *Selbsterkenntnis.* Die Beichtspiegel aller Zeiten haben sich diese Aufgabe gestellt, wählen aber recht äußere Maßstäbe moralischer oder – viel schlimmer – moralistischer Verhaltensweisen. Damit werden die Gewissen nach unserer ärztlichen Erfahrung häufiger verbogen und ferngehalten von der Charakterbildung. Eine Gesinnungs- und Gewissensethik allein, die an dem Maßstab Jesu ausgerichtet ist, kann neue Menschen schaffen helfen, nicht eine „kasuistische Ethik", die mit einem noch so ausführlichen Katalog von Lastern und Sünden einerseits, von Tugenden andererseits neue Verhaltensweisen herbeiführen will und damit (zumeist höchst einseitig und bibelwidrig) den Sündenbegriff mit der Sexualität koppelt.

Wirksamer können jene psychologischen Methoden einem Menschen zu vertiefter Selbsterkenntnis verhelfen, die von den Träumen her oder durch eine Selbstanalyse (Einzelheiten vgl. S. 67) dem Aufrichtigen die Maske der Selbsttäuschung vom Gesicht reißen. Wieder einen anderen Weg beschreitet die Oberstufe des Autogenen

Trainings, wenn sie in dem inneren, phantasie-ähnlichen Bilderleben einen Menschen vor einen großen Spiegel stellt und ihn sein Bild darin betrachten läßt. Meist sind es dann Tiergestalten, die er erblickt und die ihm in symbolischer Form Schwächen seiner Haltung ankündigen, die er überwinden muß.

Kein zoologischer Garten würde ausreichen, um all die Tiere unterzubringen, die in den letzten Jahren bei solchen Übungen genannt wurden. Einen Hasen sah ein Rechtsanwalt, ehe er vor sich selbst einräumte, ein Angsthase zu sein, und ähnlich erkannte sich eine Buchhändlerin in dem Bild eines zitternden Rehs. Kriechende Schnecken, dickfellige Elefanten, neugierige langhalsige Giraffen und schmutzige Schweine bieten nur einige Beispiele aus dem Tierreich, empfindliche Mimosen oder stachlige Kakteen mögen solche Gleichnisse von den Pflanzen her vervollständigen.

Hier werden nicht äußere Forderungen an die Menschen herangetragen, sondern innere Erkenntnisse brechen in solchen Übungen durch und geben den Grund für systematische formelhafte Vorsätze und andere Übungen zur Charakterbildung.

Die überreiche psychologische Fachliteratur hat seit den klassischen Werken von Adler und Künkel vor mehr als einem halben Jahrhundert offenbar keine nennenswerten Arbeiten zur Charakterbildung mehr hervorgebracht. So liegt eine der wichtigsten Lebensaufgaben ohne praktische Begleitung und Hilfe brach.

Ein letzter, heute oft genannter Weg ist noch kaum in seinem Wert für die Charakterbildung erkannt: die *Meditation*. Unter dieser Sammelbezeichnung verbergen sich zahllose religiöse Haltungen und Methoden, die Entspannung, Bilderschau, mystische Versenkung und verinnerlichtes Glaubensleben versprechen. Sie gilt eher als ein Sich-Zurückziehen vor der Welt und ihren ethischen Aufgaben, als das, was sie sein sollte, ein Schöpfen neuer Kraft aus den Tiefen verinnerlichten Gebets, das die menschliche Persönlichkeit neu formen, also den Charakter bilden will.

Manche Christen mag es dabei überraschen zu erfahren, daß die meisten und wichtigsten verwandtschaftlichen Beziehungen zwischen den modernen psychologischen Entspannungsmethoden, besonders dem Autogenen Training, nicht zu Yogaübungen oder buddhistischen Meditationen bestehen, sondern in den alten Wegen der Gebetsversenkung in das unbekannte Buch der Bibel zu finden sind.

Freilich müssen zwei Ebenen bei solchen Vergleichen deutlich unterschieden bleiben, die innerweltliche, medizinische, psychologische einerseits und die überweltliche, religiöse Ebene des Gebetes andererseits. Ein Vermischen und Verwischen tut keinem der beiden

Bereiche gut, sowenig beide Arten der Wege einander widersprechen.

Gebet und Meditation jedenfalls bilden von dem inneren, religiösen Zentrum der Persönlichkeit her den Menschen. Für viele Laienhelfer, die ich kennengelernt habe, lag hier der wichtigste Grund ihres Einsatzes für andere Menschen (vgl. S. 43).

c) Charakterbildung als Grundlage der „Atmosphäre"

Das Bedürfnis zahlreicher Ratsuchender richtet sich nicht in erster Linie auf die äußere Hilfe und den sachkundigen Rat. Tiefer noch als den Verlust von Heim und Heimat vermissen sie eine Geborgenheit. Schmerzlicher als die Konflikte im Familien- und Berufsleben beeinträchtigt sie der grundsätzliche Zweifel: „Von mir will ja keiner mehr etwas wissen, jeder denkt doch nur an sich selbst."

Die äußere Einsamkeit und Isolierung bilden nicht immer den Hauptgrund reaktiver oder neurotischer Depressionen, sondern ein letzter Verlust des Vertrauens, der unfähig macht, Brücken zu anderen Menschen zu bauen.

Weit über den Intellekt hinaus und darum schwer zu beschreiben, zu lehren und zu verstehen, wirkt als Folge der Charakterhaltung jene Summe von „Anmutungserlebnissen", die wir als „Geist" oder „Atmosphäre" einer Gemeinschaft oder eines Hauses bezeichnen. Die „Gemütlichkeit", ein Wort, das ausschließlich der deutschen Sprache vorbehalten ist, weist dabei auf jene inneren Werte des Gemütes hin, die tiefer reichen als die Affekte allein. Atmosphäre aber bezeichnet jenes Lebenselement des Persönlichkeitskernes, der über die Entspannung hinaus den Frieden, über das Zuhören hinaus das Verstehen, über das äußere und innere Ja-sagen hinaus das Annehmen sucht. Atmosphäre läßt einen Menschen sich zu Hause fühlen und zuinnerst entspannen, weil er spürt, hier darf ich ganz ich selber sein.

Wer will die Haltung der Ehrfurcht definieren oder gar messen, die einen Hilfsbedürftigen empfinden läßt: Hier werde ich als Mensch geachtet und gerade als Leidender nicht nur mit Worten höflich behandelt, sondern von ganzem Herzen in eine warme Gemeinschaft von „Mitleidenden", Mittragenden und Mithelfenden einbezogen.

Fachleute sind und bleiben vorwiegend ihren sachlichen Aufgaben zugewandt, Laien aber obliegt die schwierigste Verantwortung: die Atmosphäre zu schaffen und zu bieten, die jeden Hilfsbedürftigen aufatmen und sich wohl fühlen läßt.

Der Sinn des Lebens läßt sich nicht erreichen durch das Schaffen von Werten, also durch die eigene Arbeit allein, auch dann nicht, wenn partnerschaftliche und familiäre Harmonie die Grundlage eines sogenannten Lebensglückes bieten. Erfüllte Arbeit und Lebensglück bleiben nur allzu vielen versagt, die doch ein Recht darauf, ja mehr noch die Pflicht dazu haben, den Sinn ihres Lebens zu finden. *Leiden zu lindern und am eigenen Charakter zu arbeiten, das zählt zu den Hauptzielen auf dem Weg zum Sinn des Lebens.*

Laienhilfe aber verbindet beides. Sie läßt die Helfer – und nicht selten dadurch auch die Hilfsbedürftigen durch ihre Arbeit den Lebenssinn finden.

B) Erfahrungen von scheinbarer Sinnlosigkeit und offenbarem Sinn der Laienhilfe

1. Negative Erfahrungen scheinbarer Sinnlosigkeit

a) Negative Erfahrungen mit öffentlichen Stellen und Behörden
Im persönlichen Austausch mit den zahlreichen Laienhelfern, die unsere Arbeit mit aufgebaut und getragen haben, wurde oft die Frage besprochen: „Was hat Ihnen die meisten Schwierigkeiten bereitet, welches sind die negativsten Erfahrungen?“

Wer die ganze Wirklichkeit der Laienhilfe sehen und mitteilen will, darf diese Schattenseiten nicht verschweigen. Andererseits dürfen die Tatsachen nicht als Zeichen von Anklage oder Verbitterung wirken. Selbst hier soll darum ein Wort der Dankbarkeit die negativen Berichte einleiten:

Laien waren es, junge Männer aus ganz verschiedenen Berufen: Lehrer, Bankangestellte, Schiffsbauingenieure u.a., die vor 25 Jahren in der DDR den Entschluß faßten, trotz politischer Schwierigkeiten sich für den Beruf eines Predigers oder Pfarrers vorbereiten zu lassen. In dem Seminar Paulinum in Ost-Berlin unterrichtete ich sie in den Fächern Seelsorge und Psychologie. Alles nur denkbare Verständnis fand ich bei diesen jungen Menschen für den Plan, eine Telefonseelsorge zu gründen, für die sich 20 Seminaristen drei Jahre hindurch ausbilden ließen.

Negativ dagegen mußten andere Erfahrungen auf den Kreis unserer Laienhelfer wirken, die sich unter dem Namen „Lukas-Orden“ zusammengeschlossen hatten:

Drei Jahre hindurch versuchten wir fast allmonatlich, den zuständigen Referenten der Westberliner evangelischen Kirchenleitung zu überzeugen, daß eine „Telefonseelsorge“, wie wir die geplante Arbeit genannt hatten, notwendig sei. „Das läßt sich weder aufbauen noch durchführen. Solche Arbeit hat keinen Sinn!“ Deshalb würde die Kirche sie auch nicht billigen und nicht fördern. So wurden wir stets abgewiesen.

Als wir die Arbeit dann schließlich ohne die Kirche ins Leben gerufen hatten, zeigte ein kaum vorstellbarer Ansturm von Hilfesuchenden Tag und Nacht, wie sehr eine solche Einrichtung dem Bedürfnis zahlloser Rat- und Hilfesuchender entsprach.

Unsere Laienhelfer haben dann Jahre hindurch miterlebt, zu welchen Angriffen, Verleumdungen und Lügen sich die Bemühungen von Neidern und Hassern steigerten, diese Arbeit entweder ganz in ihre Hand zu bekommen oder doch zu vernichten.

Das Miterleben eines Monopoldenkens in der Sozialarbeit und vielfältiger Intrigen drohte manche Mitarbeiter zu entmutigen und diese Erfahrungen als die traurigsten ihres Lebens anzusehen. Sie hatten Schwierigkeiten, zu verstehen, wie kirchliche Veröffentlichungen später die Telefonseelsorge als bedeutendste eigene Sozialleistung nach dem Zweiten Weltkrieg nannten, als deren Gründer sich D. STANGE bezeichnete.

Verschieden verliefen die Erfahrungen bei zahlreichen Behörden, die zum Teil Verständnis zeigten, aber praktisch noch nicht zur Kenntnis genommen haben, daß unsere Laienhelfer – freilich ohne Parteibuch – Tausende von Schwer- und Schwerstkranken außerhalb der Kliniken betreut und dem Staat damit Millionenkosten für Klinikbehandlung erspart haben. Laienhelfer haben 20 Jahre durch ihre Sozialleistungen die Arbeit von fünf bis zehn qualifizierten staatlichen bzw. städtischen Kräften getan.

Laienhelfer, die den Sinn ihrer Arbeit in irgendeiner öffentlichen Anerkennung sehen, werden enttäuscht.

b) Negative Erfahrungen mit Ratsuchenden

Laienhelfer müssen lernen, im Sinn von Fritz KÜNKEL rein sachlich zu reagieren und sich nicht durch persönliche Angriffe erregen zu lassen. Im Sinn von Paul TOURNIER sollen sie freilich nicht sachlich vorgehen, das heißt nicht, den Ratsuchenden als Sache oder „Fall“, sondern ganz als Menschen persönlich zu verstehen. So gilt es, die richtige sachliche mit der richtigen persönlichen Haltung zu verbinden.

Nur 5% der Hilfsbedürftigen in unserer Arbeit hinterlassen negative Eindrücke bei unseren Laienhelfern.

Nicht etwa die Betrunkenen sind gemeint, die sogar am Telefon randalieren mögen; sie sind hilfsbedürftig, wenn auch fruchtbare Gespräche fast stets erst *nach* dem Rausch möglich sind.

Nicht die nächtlichen Anrufer sind gemeint, deren scheinbar unwichtige Anliegen uns allnächtlich aus dem Schlaf reißen – auch Schlafgestörte brauchen gelegentlich Hilfe; aber unter den Ratsuchenden wenden sich nicht nur die Verschämten und Schüchternen an uns, sondern auch die Unverschämten und dazu noch Schimpfenden: „Wenn Sie mir keene Wohnung verschaffen können, wozu sind Se denn dann überhaupt da. Sie schwindeln doch; det bring ick in die Zeitung."

Geldbeträge zwischen einer und 230000 Mark wurden von uns nicht nur erbeten, sondern anspruchsvoll gefordert: „Sie sind vielleicht ein schöner Verein; aber das will ich Ihnen sagen, ich bring' mich jetzt um, aber vorher schreibe ich noch, daß Sie schuld sind. Sie treiben die Leute ja noch zum Selbstmord, Gesindel!" (Vgl. S. 95f.)

In nicht geringer Zahl beanspruchen Neugierige – mit keineswegs immer höflichen Fragen – die Zeit unserer Laienhelfer: „Sagen Se mal, was machen Sie denn da eigentlich? Was sagen Sie denn, wenn einer sich aufhängen will? usw. ..." Antwort: „Sind Sie denn selbst in Not? dann sprechen Sie bitte darüber; aber wenn Sie Einzelheiten über die Arbeit wissen wollen, finden Sie sie in den Büchern veröffentlicht, nach denen Sie nur in Ihrer Buchhandlung zu fragen brauchen; ich kann mich nicht von Ihnen hier prüfen lassen."

Wer mit wissenschaftlichem oder einem ernsten publizistischen Anliegen sich meldet, braucht dagegen sachliche, notfalls ausführliche Auskunft. In einem Grenzbereich liegen jene – zwei- bis dreimal wöchentlichen – eingehenen Anfragen von Prüfungskandidaten, die häufig fordernd verlangen: „Schicken Sie mir doch mal Unterlagen über Ihre Arbeit, ich soll zu dem Thema Selbstmordverhütung meine Prüfungsarbeit schreiben!" Einige Sätze aus dem vorgedruckten Antwortschreiben lauten: Herzlich freuen wir uns, daß die Probleme der Selbstmordverhütung jetzt so weites Interesse finden; andererseits werden Sie verstehen: wenn wir allen diesen Anfragen Rechnung tragen wollten, könnten wir unserer Hauptaufgabe nicht mehr nachgehen, Selbstmorde zu verhüten. Bitte fügen Sie künftigen Schreiben Rückporto bei!

Nicht häufig, aber besonders unerfreulich wirken die – als solche sicher erkennbaren – Anrufe mit vorgetäuschter Selbstmordgefahr, bei denen unsere letzten Sätze etwa folgendermaßen lauten: „Ihr Anliegen kann doch nicht echt sein, wenn Sie sich wirklich umbringen wollen, dann würden Sie nicht so sprechen."

„Na ja, woran wollen Sie das denn feststellen, Sie müssen mich doch ernst nehmen ... wenn ich mich nun doch umbringe ... dann haben Sie die Verantwortung ..." Nachdem solche Anrufer vergeblich versuchen den Laienhelfer zu verunsichern, erklären sie meist in frechem Ton: „Ich bin Reporter und habe aufgeschrieben, was Sie gesagt haben, denn ich bin bei einem Artikel über Telefonseelsorge."

Nicht immer sofort zu erkennen sind die Schilderungen von „sexuellen Notständen", bei denen Anrufende vermeintliche oder wirkliche Sexualverbrechen – auch drohende – von Sadismus oder anderen Perversionen, besonders auch von Inzest und „Unzucht mit Kindern", ausführlich schildern. Die Mehrzahl dieser Anrufer sucht dabei das Gespräch mit einer weiblichen Stimme offenbar, um eine eigene sexuelle Erregung zu steigern.

Am wirksamsten ist dabei die Antwort: „Am besten Sie sprechen darüber gleich mit unserem Arzt." Wenn ich dann den Hörer übernehme, hängt der Anrufer fast immer sofort auf. Da es immer wieder die gleichen Anrufer mit solchen Fragen sind: „... muß ich da nicht die Polizei benachrichtigen?... durch das Schlüsselloch habe ich diese Szene gesehen, was kann ich tun?“ lassen sich bei unserem kleinen Mitarbeiterkreis und den täglichen Arbeitsbesprechungen solche Kranken meist schon beim zweiten Anruf „stellen“ und zu einer ärztlichen Behandlung ermutigen – die sie freilich nicht aufsuchen.

Bei hemmungslos schimpfenden Anrufern oder persönlich erscheinenden Ratsuchenden, die sich in Beleidigungen ergehen, ist ein freundliches, bestimmtes „Zur-Ordnung-Weisen“ notwendig. „Ich will Sie aber sofort sprechen!“ mit diesen Worten verlangte ein unangemeldeter Besucher ein einstündiges Gespräch zu einer bereits vergebenen Zeit. Mit einem Mitarbeiter wollte er nicht vorlieb nehmen und schnauzte: „So ein Mistverein, Sauladen ...“ Freundlich aber bestimmt habe ich ihm die Tür gewiesen.

Ein 16jähriger Schüler schimpfte kürzlich: „Das ist doch keine Art, erst muß ich warten, und dann werde ich gleich wieder herausgeschickt (er war über eine halbe Stunde im Sprechzimmer); das ist sowieso keine richtige Behandlung...“ Ich habe ihn gebeten, sich einen anderen Arzt zu suchen. Insgesamt mußte ich in 20 Jahren fünf Patienten aus dem Haus weisen. Bei Telefonanrufen kommen Schimpfkanonaden häufiger vor.

Mag es auch gesund sein, sich seiner Affekte zu entledigen, wir halten es nicht für die Aufgabe unserer Laienhelfer, dafür das Angriffsziel zu bieten. Als ein Anrufer eine Mitarbeiterin als „Scheißnonne“ anredete, übernahm ich das Gespräch und brach es dann wegen der unflätigen Ausdrücke ab.

c) Negative Erfahrungen aufgrund falscher Haltungen der Helfer

Wer als Laienhelfer mit überhöhter oder irriger Erwartungshaltung an seine Ausbildung herantritt, wird enttäuscht. Darum ist vorher ein Höchstmaß an Klarheit zu bieten.

Wenn Mitarbeiter Dank erhoffen, fühlen sie sich verkannt und vernachlässigt; denn kaum 5% der Ratsuchenden bedanken sich nach monatelangem und aufopferndem Einsatz. (Unter den Aussätzigen vor fast 2000 Jahren waren es immerhin noch 10%, Luk 17,13.) Ihren Hauptwert entfaltet die Dankbarkeit nicht durch die Freude, die sie dem Helfer bereitet – obwohl auch bei ihnen menschliche Empfindungen und Reaktionen verständlich sind, sondern Dankbarkeit ist eines der untrüglichsten Zeichen für die innere Entwicklung des Charakters (vgl. S. 35f., 42f.).

Verständlicherweise suchen manche junge Leute, ihre Tätigkeit als „Praktikum“ anerkannt zu sehen, als einen Teil ihrer Ausbildung, die mit Schein und Stempel besiegelt wird. Zwar stellen wir entsprechende Bescheinigungen aus, die aber (in Deutschland) keine amtliche Anerkennung genießen.

Laienhelfer erleben berechtigt Freude und Befriedigung über ihre sinnvolle Tätigkeit. Nur ein Schritt ist es von hier bis zu jenem Stolz auf die eigenen Erfolge, in den das Geltungsbedürfnis sich einschleicht. Am Ende dieses gefährlichen Weges steht dann die Überheblichkeit, die auf das eigene Handeln blickt, statt allein auf den Hilfsbedürftigen.

Bei jedem der vielen Presse- und anderen Interviews wird die Frage gestellt: „Welche Erfolge haben Sie?" Berichtigend pflege ich dann von Ergebnissen zu sprechen, soweit sie sich überhaupt nachweisen lassen.

Übersteigerter Ehrgeiz legt zugleich eine andere Fehlhaltung nahe: das Konkurrenzdenken, dem Neide eng verwandt. Wo immer mehrere Laienhelfer gleichen oder ähnlichen Aufgaben nachgehen, liegt ein eifersüchtiges Wachen darüber nahe, wem die schwierigeren, die angenehmeren, die verantwortungsvolleren usw. Aufgaben zugewiesen werden, ob der Dienstplan auch gerecht und die Freizeit ausreichend eingeteilt werden. – Entweder über allen Fragen der gemeinschaftlichen Arbeit muß ein hohes Maß an Organisationstalent walten – oder eine Gemeinschaft ist mit dem gemeinsamen Ziel des Dienens so fest und zugleich freundschaftlich verbunden, daß einer nur aufrichtig dem anderen – und nicht nur den Ratsuchenden – helfen will.

Insgesamt also erweist sich Laienhilfe damit als ein Prüfstein und eine hohe Schule für den eigenen Charakter, der heranreift zu mitmenschlicher Gesinnung, zu selbstloser Haltung und zu einem tatkräftigen Einsatz, der wahre Werte schafft.

2. Positive Erfahrungen der offenbaren Sinnerfüllung

a) Vorwiegend aus der Sicht des Laienhelfers

Im Vordergrund steht nicht das Abwägen, ob das sinnhafte Handeln alle negativen Erfahrungen überwiegt, sondern unreflektiert erfolgt die Antwort: Dort ist die Not und hier die Pflicht, dort rufen Verzweifelte, und hier zeigen sich Wege zur Hilfe. Nicht ein Rechtfertigen oder Verteidigen, nicht ein endloses Bedenken aller möglichen Folgen oder gar ein Philosophieren über den Sinn tut not, sondern ein mutiges Anpacken und zielstrebiges Handeln.

Dennoch rechtfertigen zwei Jahrzehnte der Erfahrung auch ein Innehalten und ein Fragen an die Laienhelfer und mit ihnen: Hat Laienhilfe einen Sinn?

„Sonst täten wir's doch gar nicht, und nicht schon Jahre hindurch!" So lautete eine Spontanreaktion. „Wir werden täglich Zeuge, wie Menschen vor dem Abgrund wieder lernen, sich zu freuen, und dann freuen wir uns mit ihnen."

Der Sinn der Laienhilfe liegt in verschiedenen Ebenen: zunächst verleihen die Erfahrungen mit dem immer vertiefteren *Wissen um die Menschen* Befriedigung im Gegensatz zu jenem oberflächlichen, maskenhaften Menschenbild, das uns die Massenmedien vorsetzen. In der Not erst zeigt sich, wes Geistes Kind ein Mensch ist, welcher Halt ihm bleibt, welche Bindung ihn trägt.

Auf einer tieferen Ebene ist es das *Erleben der Wahrheit*, das sonst nur in wenigen Ausnahmesituationen einem Menschen zuteil wird, z.B. dem Psychotherapeuten in der Analyse oder dem Beichtvater, der ein Schuldbekenntnis hört. „Mein ganzes Leben war vergeblich", so haben schon häufig die Bekenntnisse begonnen, an deren Ende der Entschluß zu einem neuen Leben stand. Wer Zeuge eines solchen Neubeginns wird, der wird ehrfürchtig eines der größten *Wunder miterleben: die Wandlung einer Menschenseele.*

Selten – aber um so eindrucksvoller – stellt sich solche Wandlung ein, meist als Ergebnis einer längeren Entwicklung und (fast) täglicher Beratung. Solche Wandlungen der Gesamtpersönlichkeit werden in ihrer Bedeutung zu wenig erkannt oder in pietistischen Kreisen noch heute zu oft unter einem moralistischen Zerrbild der Gesetzlichkeit gesehen.

Fast täglich aber erleben Laienhelfer (wie S. 97 berichtet), wie Selbstmordgefährdete unter der Wirkung von Medikamenten und begleitender Laienberatung wieder zu leistungsfreudigen Persönlichkeiten werden. Hier geschieht nicht so sehr eine Wandlung des Menschen als vielmehr ein Zurückführen zu seinem ursprünglichen Wesen.

Ein letzter Höhepunkt der Laienhilfe ist hier zu nennen. Die Protokolle verzeichnen nüchtern den Ablauf der Ereignisse, manchmal bezeugen es die Ratsuchenden schlicht oder auch überschwenglich: „Sie haben mir das Leben gerettet."

Solche Aufgaben sind nicht jeder Laienhilfe gestellt; sie bezeugen aber als Extrembeispiele ihren Sinn.

b) Vorwiegend aus der Sicht des Hilfsbedürftigen

Zu den fast täglichen Erfahrungen der Laienhelfer zählt aber auch:

- Stille, verzagte, kleinmütige Menschen lernen wieder vertrauen und hoffen;
- Ängstliche, Schüchterne, Gehemmte wagen wieder zu sprechen und fassen neuen Mut;

- Verzweifelte und Weinende, Traurige und Depressive erfahren Trost und lernen wieder lachen;
- Schlafgestörte, Unruhige und Aufgeregte finden wieder Ruhe für ihre Seelen;
- Verlassene, unglücklich Liebende, Sich-Scheidende oder Geschiedene lernen schließlich, ihr Schicksal anzunehmen und sich für ein neues Leben vorzubereiten;
- Verachtete, Verstoßene, unter Minderwertigkeitsgefühlen Zerbrechende erleben sich angenommen und anerkannt;
- Sorgenvolle, Ratlose, Hoffnungslose werden durch ihre Krisen begleitet und erleben, daß geteilte Lasten tragbar werden;
- Körperlich und seelisch Kranke, an Schmerzen Leidende atmen auf und können ihr Leid überwinden und tragen;
- Vermeintlich Verfolgten, wirklich Unterdrückten oder gar Mißhandelten bietet sich Geborgenheit und befreiender Rat;
- Betrogene, Bestohlene und Ausgenutzte lernen sachlich handeln und ihren Verlust hinnehmen;
- Obdachlose, Heimatlose, Flüchtlinge fühlen sich in einer neuen Gemeinschaft zu Hause;
- Überlastete, Lebensmüde, Selbstmordgefährdete finden ärztliche Behandlung und Lebensmut.

Drei Haupterfahrungen also sind es, die die Laienhelfer fast jedem Hilfesuchenden vermitteln und in denen der Sinn der Laienhilfe sich zusammenfassen läßt:

Die meisten Hilfsbedürftigen sind – mindestens innerlich – einsam. Laienhelfer zeigen ihnen durch die Tat: Wir begleiten euch, ihr seid nicht mehr allein!

Die meisten Hilfsbedürftigen sind hoffnungslos – oder sie suchen wenigstens die Laienhelfer als ihre – meist letzte – Hoffnung.

Sie erfahren dann als Wirklichkeit: Es gibt eine Hilfe! Diese Hilfe sieht oft nicht so aus, wie sie es sich vorgestellt hatten, auch kommt sie nicht durch Zauberei und plötzlich zustande; aber die Hilfsbedürftigen lernen fast immer, nach Gesprächen und Anleitung mit eigener Tatkraft ihr Leben wieder zu meistern.

Fast alle Hilfsbedürftigen erfahren eine Erleichterung ihrer – sehr verschiedenartig bedingten – Notlage, teils von außen, teils durch eine Änderung ihrer inneren Haltung.

Einige aber bekennen:

„Laienhilfe hat mich gerettet!“

Anhang

Das Belgische Gesetz über Laienhilfe in Telefonseelsorgestellen

20. Juli 1973. – Königlicher Beschluß über die Zulassung und die staatliche Unterstützung der Telefonseelsorgestellen für Menschen in psychischen Krisen.

BAUDOUIN, König der Belgier,
Allen, Gegenwärtigen und Künftigen, Unseren Gruß.

Zum Artikel 67 der Verfassung:

Im Blick auf den Königlichen Beschluß vom 12. Juni 1953 über die Zulassung und die staatliche Unterstützung von Beratungsstellen für psychische Hygiene, abgeändert durch den Königlichen Beschluß vom 27. März 1963; –

in Anbetracht der Wichtigkeit für die öffentliche Gesundheitspflege, die eine Fürsorge für die Menschen in psychischen Krisen hat, die telefonisch Tag und Nacht jederzeit erreichbar ist und die imstande ist, notwendige Hilfe und Ratschläge zu geben sowie auf geeignete spezialisierte Dienst-, Beratungs- und Behandlungsstellen zu verweisen; –

da weiterhin solche Seelsorgestellen durch ihr Wirken zu einer besseren Zusammenarbeit auf den Gebieten der psychischen Gesundheit beitragen und da sie bestimmte Vorschriften einhalten müssen, die sich auf ihre Zulassung und ihre geographische Verteilung beziehen, ehe ihnen eine gewisse Unterstützung ihrer Tätigkeit gewährt werden kann; –

da der Staatssekretär für Staatshaushaltsfragen am 30. März 1973 sein Einverständnis erklärt hat; –

aufgrund des Gesetzes vom 23. Dezember 1946, das die Schaffung eines Staatsrats beinhaltet, insbesondere Art. 2 Abs. 2; –

aufgrund der Dringlichkeit

und auf Vorschlag Unseres Ministers für Öffentliche Gesundheit und Umwelt;

Haben Wir beschlossen und beschließen Wir:

Artikel 1. Innerhalb der im Staatshaushalt eingetragenen Kreditgrenzen kann der Minister für Öffentliche Gesundheit und Umwelt gemäß den Anordnungen dieses Beschlusses den Telefonseelsorgestellen für Menschen in psychischen Krisen Unterstützung gewähren, wenn diese Stellen durch eine Provinz, eine Gemeinde, eine Vereinigung oder einen Verband von Gemeinden oder anderen öffentlichen Ämtern, eine Wohlfahrtskommission, eine Universität, eine Vereinigung ohne Gewinnstreben oder eine gemeinnützige Einrichtung geschaffen und organisiert sind.

Artikel 2. Um zum Empfang von Unterstützungen zugelassen zu werden, muß eine Telefonseelsorgestelle:

1. innerhalb der Grenzen einer vom Minister für Öffentliche Gesundheit und Umwelt anerkannten geographischen Lage wirken;
2. mit einer zugelassenen psychiatrischen Klinik zusammenarbeiten, wobei die Bedingungen für diese Zusammenarbeit in einem – der Genehmigung durch den Minister für Öffentliche Gesundheit und Umwelt unterworfenen – Vertrag festgelegt sind;
3. eine Buchführung besitzen, aus der die finanziellen Ergebnisse der Verwaltung der Stelle pro Haushaltjahr ersichtlich sind; die Eintragungen in den Rechnungsbüchern müssen es ermöglichen, eine jährliche Nutzungsrechnung zu erstellen, deren Modell durch den Minister für Öffentliche Gesundheit und Umwelt festgelegt ist;
4. ein Tagebuch führen, in welchem die Telefonanrufe und die Vermittlungen mit Tag und Stunde notiert und numeriert werden; dieses Tagebuch gibt die Natur des behandelnden Problems, den Namen des Mitarbeiters und die Antwort oder den erteilten Ratschlag an. Es muß mindestens fünf Jahre lang aufbewahrt werden, um Kontrollen zu ermöglichen;
5. an jedem Tag des Jahres Tag und Nacht für die Bevölkerung telefonisch erreichbar sein;
6. über befugtes Stammpersonal, befugte Ratgeber und Mitarbeiter gemäß Artikel 6 und 7 dieses Beschlusses verfügen;
7. die Aufsicht („supervision") über die Mitarbeiter der unter 2. erwähnten psychiatrischen Klinik unterstellen;
8. sich der Inspektion durch hierzu beauftragte Beamte des Ministeriums für Öffentliche Gesundheit und Familie unterstellen;
9. die Gesetze über Berufsgeheimnis beachten und die Anonymität der Ratsuchenden respektieren, wenn diese es wünschen;
10. mindestens seit einem Jahr tätig sein.

Artikel 3. Die in Artikel 2 erwähnte Zulassung wird durch den Minister für Öffentliche Gesundheit und Umwelt für bestimmte Zeitabschnitte von höchstens drei Jahren gewährt, verweigert oder zurückgezogen.

Bevor er eine Entscheidung über die Verweigerung oder die Zurückziehung der Zulassung trifft, gibt der Minister unter Angabe der Gründe derjenigen natürlichen oder juristischen Person, die für die Verwaltung der Telefonseelsorgestelle verantwortlich ist, seine Absicht bekannt. Diese Person hat – vom Tage der Bekanntgabe an gerechnet – eine Bedenkzeit von fünfzehn Tagen, um ein Gesuch an den Minister zu richten, in welchem sie den Beweis erbringt, daß sie die erforderlichen Voraussetzungen besitzt, um die Erlangung von Unterstützung beanspruchen zu können.

Artikel 4. Die Subventionen, die nach diesem Beschluß gewährt werden können, sind dazu bestimmt, mindestens teilweise die Kosten der Ausstattung und der Tätigkeit der Stelle zu decken.

Artikel 5. Die Kosten der Ausstattung einer Stelle können zur Bewilligung von Beihilfen führen, die aufgrund von Nachweisen über tatsächlich geleistete Zahlungen errechnet werden. Diese Beihilfen können den Betrag von jährlich zweihunderttausend Franken nicht übersteigen.

Artikel 6. Die Beihilfen, die dazu bestimmt sind, wenigstens teilweise die das Wirken der Stellen betreffenden Betriebskosten zu decken, sind wie folgt innerhalb der Grenzen des Staatshaushaltsgesetzes angegeben:

1. 75 Prozent des Gehaltes von zwei Mitgliedern des Stammpersonals und des Gehalts des Sekretärs. Der Beitrag des Bezirks (département) zu den Gehaltskosten für das Stammpersonal wird auf folgender Basis berechnet:
   a) eine Dienststelle, die 30 bis 60 Mitarbeiter beschäftigt, empfängt Beihilfen für:
   1 vollzeitlich beschäftigten Stamm-Angestellten, der für die Organisation verantwortlich ist;
   1 vollzeitlich angestellten Sekretär;
   1 halbzeitlich beschäftigten Stamm-Angestellten, der für die Schulung und die Aufsicht über die Mitarbeiter verantwortlich ist;
   b) eine Dienststelle, die mehr als 60 Mitarbeiter beschäftigt:
   1 vollzeitlich beschäftigten Stamm-Angestellten; der für die Organisation der Dienststelle verantwortlich ist;
   1 vollzeitlich beschäftigten Stamm-Angestellten, der für die Schulung und die Aufsicht über die Mitarbeiter verantwortlich ist;
   1 vollzeitlich angestellten Sekretär.
   Die für das Stammpersonal und den Sekretär bewilligten Beihilfen werden auf der Basis der Skalen 10/1 resp. 20/1 berechnet, die für das Personal der staatlichen Verwaltungen anwendbar sind.
2. 75 Francs (etwa 5,– DM) pro Anruf, der in dem in Artikel 2.4 angeführten Tagebuch erwähnt ist und der Aufgabe der Stelle entspricht.

Artikel 7. Die Aufgabe der in Artikel 6 bezeichneten Personen und die Anforderungen, denen sie genügen müssen, werden durch die folgenden Bestimmungen geregelt:

1. Der für die Leitung und die Organisation der Dienststelle Verantwortliche ist gehalten, die Integration der Stelle in die Gesellschaft sowie die Kontakte mit den medizinischen, sozialen, juristischen Organen, stationären und ambulanten Dienststellen (services hospitaliers et extra-hospitaliers), Lehranstalten, der Polizei, der Feuerwehr, den Krankenkassen sicherzustellen. Er sorgt für den guten Ablauf der Beziehungen zum Publikum. Er ist ebenfalls verantwortlich für die Buchführung. Er muß den folgenden Anforderungen genügen:
   1. ein Leumundszeugnis vorlegen;
   2. entweder ein nach mindestens vier Jahren Universitätsstudium ausgestelltes Universitätsdiplom oder ein von einer Anstalt des Höheren (nicht Universitäts-) Unterrichtswesens ausgestelltes Diplom besitzen. In diesem letzten Falle muß er fünf Jahre Erfahrung auf dem Gebiet der zwischenmenschlichen Beziehungen haben.
2. Der für die Schulung und die Aufsicht über die Mitarbeiter Verantwortliche muß den hohen Stand der geleisteten Dienste sicherstellen. Er muß den folgenden Anforderungen genügen:
   1. ein Leumundszeugnis vorlegen;
   2. ein staatliches Diplom in einer psychologischen Wissenschaft oder ein

Diplom des Höheren (nicht Universitäts-)Unterrichtswesens besitzen, Fortbildungskurse in Geisteswissenschaften besucht und mindestens fünf Jahre Erfahrung auf dem Gebiet der menschlichen Beziehungen haben.

3. Der Sekretär muß den folgenden Anforderungen genügen:
   1. Ein Leumundszeugnis vorlegen;
   2. ein Diplom oder Zeugnis besitzen, das bei der Zulassung zum Niveau 2 der staatlichen Verwaltungen berücksichtigt wird.
4. Jede Stelle muß über eine Ergänzungsliste von Mitarbeitern aus anderen Studienrichtungen als denen des Stammpersonals verfügen, das berufshalber imstande ist, Ratschläge zu erteilen und auf das die freiwilligen Mitarbeiter jederzeit telefonisch zurückgreifen können, um einen Rat medizinischer, psychologischer oder sozialer Art zu erhalten.
5. Die Stelle sichert sich die Dienste einer gewissen Zahl freiwilliger Mitarbeiter. Sie legt über einen jeden von ihnen eine Akte an. Diese Akte wird zur Verfügung des Ministeriums für Öffentliche Gesundheit und Familie gehalten. Sie umfaßt:
   a) den durch den Mitarbeiter gestellten Antrag auf Mitarbeit;
   b) ein Leumundszeugnis;
   c) ein Dokument, das die gegenseitigen Rechte und Pflichten festlegt. Dieses Dokument muß von dem Leiter der organisierenden Stelle einerseits und von dem betreffenden Mitarbeiter andererseits unterschrieben sein. Es wird darin besonders angegeben, daß der freiwillige Mitarbeiter sich seinem Ratsuchenden gegenüber nicht als jemand vorstellen darf, der diese Arbeit berufsmäßig verrichtet;
   d) eine Erklärung von zwei Mitgliedern des Stammpersonals, in der diese bestätigen, daß der betreffende Mitarbeiter die vorgeschriebene Schulung genossen hat sowie die notwendigen Eigenschaften und Sachkenntnisse besitzt, um die Aufgaben zu erfüllen, die die Stelle ihm anvertraut.

   Die Schulung der freiwilligen Mitarbeiter umfaßt eine Lehrzeit, eine Probezeit und eine ständige Fortbildung:
   a) die Lehrzeit umfaßt mindestens zehn dreistündige Vorlesungen theoretischen Unterrichts in Gesprächstechnik;
   b) die Probezeit besteht aus der Besprechung von mindestens zehn Gesprächen zwischen dem Mitarbeiter-Kandidaten und dem Patienten;
   c) die ständige Fortbildung umfaßt mindestens:
   – monatlich eine didaktische Zusammenkunft von Gruppen freiwilliger Mitarbeiter;
   – einen Überblick über die Gespräche durch eine monatliche Gruppenzusammenkunft;
   – mindestens einmal jährlich einen Überblick im persönlichen Gespräch mit einem Mitglied des Personals der psychiatrischen Klinik.

Artikel 8. Die Beträge der in Anwendung dieses Beschlusses bewilligten Unterstützungen sind an den Index der Verbraucherpreise gebunden gemäß den Bestimmungen des Gesetzes vom 2. August 1971, das ein System der Bindung an den Index der Verbraucherpreise, der Gehälter, Löhne, Pensionen, Beihilfen und Subventionen zu Lasten des Fiskus, gewisser sozialer Leistungen, der Entlohnungsgrenzen, die bei der Berechnung gewisser Beträge zur sozialen Sicherheit der Arbeiter zu berücksichtigen sind, sowie der den Selbständigen in sozialer Hinsicht auferlegten Verpflichtungen regelt.

Artikel 9. Die Telefonseelsorgestellen sind durch die Tatsache ihrer Zulassung damit einverstanden, dem Ministerium jede Änderung, die in den in Artikel 2 dargelegten Bedingungen eintritt, von sich aus mitzuteilen – besonders hinsichtlich der Zusammensetzung des Personals.

Diese Änderungen machen die Zulassung nichtig und wirkungslos, und ein neues Zulassungsverfahren wird notwendig.

Artikel 10. Die zur Zeit des Inkrafttretens dieses königlichen Beschlusses tätigen Stellen haben eine Frist von einem Jahr zur Verfügung, um den Bestimmungen des Artikels 2, Punkt 5, nachzukommen.

Artikel 11. Unser Minister für Öffentliche Gesundheit und Umwelt ist mit der Ausführung dieses Beschlusses beauftragt.

Artikel 12. Dieser Beschluß tritt am 1. Januar *1973* in Kraft.

Gegeben zu Brüssel am 20. Juli *1973*.

BAUDOUIN
Im Namen des Königs:
Der Minister für Öffentliche Gesundheit und Umwelt
J. DE SAEGER

Schrifttumsverzeichnis

a) Weiterführende Literatur

Adler, A.: Individualpsychologie in der Schule, Fischer Taschenbuch, Frankfurt a.M. 1973.
–: Menschenkenntnis, Rascher, Zürich 1947.
Busemann, A.: Stil und Charakter, West-Kultur, Meisenheim 1963.
Gruehn, W.: Die Frömmigkeit der Gegenwart, Bahn, Konstanz [2]1960.
Künkel, F.: Jugend-Charakterkunde, Bahn, Konstanz 1967.
–: Die Arbeit am Charakter, Bahn, Konstanz 1969.
Lindenberg, W.: Gespräche am Krankenbett, Reinhardt, München 1959.
Lückert, H. R.: Die Problematik der Persönlichkeitsdiagnostik, Reinhardt, München 1965.
Mader, A.: Hören, Schweigen, Helfen, TELOS Taschenbuch, Neuhausen – Stuttgart 1974.
March, H.: Das Buch vom Helfen, 1936, vergriffen.
Mauder, A.: Die Kunst des Sterbens, Pustet, Regensburg 1974.
Phillips, J. B.: Dein Gott ist zu klein, Kühne, Schloß Craheim [2]1971.
Remschmidt, H.: Psychologie für das Krankenpflegepersonal, Thieme, Stuttgart 1972.
Schultz, I. H.: Geschlecht – Liebe – Ehe, Reinhardt, München – Basel 1959.
–: Organstörungen und Perversionen im Liebesleben, Reinhardt, München – Basel [2]1966.
Schweitzer, A.: Aus meinem Leben und Denken, Fischer Taschenbuch, Frankfurt a.M. 1952.
Thomas, K.: Handbuch der Selbstmordverhütung, Enke, Stuttgart 1964.
–: Ärztliche Lebensmüdenbetreuung, Wissenschaftl. Buchgesellschaft, Darmstadt 1970.
–: Menschen vor dem Abgrund, Wegner, Hamburg 1970.
–: Die künstlich gesteuerte Seele, Enke, Stuttgart 1970.
–: Sexualerziehung, Diesterweg, Frankfurt a.M., Thieme, Stuttgart [2]1970.
–: Selbstanalyse, Thieme, Stuttgart [2]1976.
–: Träume – selbst verstehen, Thieme, Stuttgart [2]1976.
–: Praxis der Selbsthypnose des Autogenen Trainings, Thieme, Stuttgart [4]1976.
–: Meditation, Steinkopf, Thieme, Stuttgart 1973.
Tramer, M.: Der Bücherkatalogtest als charakterologisches Prüfmittel, Rascher, Zürich 1953.

b) Literatur zur Laienhilfe aus der Herderbücherei

(Kurzbesprechungen)

Die *Herderbücherei* hat sich zur Aufgabe gestellt, Laien in verständlicher Sprache durch Fachleute das Wissen nahezubringen, das sie – gerade auch zum Helfen – brauchen. Aus den über 500 Bändchen soll eine Auswahl genannt sein, die sich nach unserer Meinung für diese Aufgabe besonders gut eignet:

1. Allgemein psychologische Bücher

Heinrich Kalbfuß: Lebenskonflikte in der Leistungsgesellschaft (Band 459) berichtet, wie ein Telefondienst hilft, und nennt weiterführende Literatur.

Christa Meves: Manipulierte Maßlosigkeit (Band 401)
schrieb als Psychologin und Mutter diesen „Bestseller" über Jugenderziehung und sexuelle Probleme.

Christa Meves: Wunschtraum und Wirklichkeit (Band 433)
setzt diese Themen mit Drogenfragen, Eheproblemen u.a. fort.

Christa Meves und Joachim Illies: Lieben – was ist das? (Band 362)
geht dem Wesen und den Werten echter Liebe gegenüber verbreiteten Verzerrungen nach.

Christa Meves: Freiheit will gelernt sein (Band 517)
lehrt nicht nur Mütter ein natürliches Hinführen zur Verantwortung gegen alle Arten der Unordnung, des Neides und der verbreiteten unechten Emanzipationsbestrebungen.

Anita Stevens und Lucy Freeman: Ich hasse meine Eltern (Band 513)
Eine amerikanische Psychiaterin und eine Publizistin gehen mit vielen praktischen Beispielen und Ratschlägen den Ursachen jugendlicher Aggressionen, vorwiegend unter den Gesichtspunkten der Psychoanalyse, nach.

2. Entwicklungspsychologie

Leo Dembicki: Psychologie im Alltag (Band 467)
verfolgt den Weg des Menschen von der Kindheit bis zum Alter und läßt ihn so besser verstehen.

Siegfried Groth: Keine Angst vor dem Alter (Band 478)
erteilt alten Menschen beherzigenswerte ärztliche Ratschläge.

Elisabeth Plattner: Echter und falscher Gehorsam (Band 347)
zeigt mit zeitlos gültigen pädagogischen Beispielen praktische Wege aus der Autoritätskrise.

3. *Psychologische Sonderthemen*

Reinhold Ruthe: Psychologie der Partnerwahl (Band 496)
bringt ein Ehebuch aus der individualpsychologischen Sicht Alfred Adlers.

Manfred Wöbcke: Suchtgefährdete Schüler (Band 9025)
Ein Lehrer und Psychologe stellt in diesem Buch zusammen, was zur Behandlung der Drogenfragen im Unterricht wissens- und beherzigenswert ist.

4. *Einführung in die Psychotherapie*

Wilhelm Bitter: Der Verlust der Seele (Band 333)
schildert – vorwiegend von den Lehren C. G. Jungs her – die wichtigsten Probleme der Ängste und Zwangserscheinungen, der Einsamkeit, der Ehe, des Gewissens, der Wunderheilungen, des Massenwahns u. a.

Viktor Emil Frankl: Psychotherapie für den Laien (Band 387)
stellt 30 Rundfunkvorträge über Hypnose, Schlaflosigkeit, Hypochondrie und andere wichtige psychotherapeutische Themen des Alltags kundig und geistvoll zusammen.

Paul Tournier: Jeder Tag ist ein Abenteuer (Band 531)
darum sollten wir uns täglich von solchem besinnlichen, seelsorgerlichen Buch helfen lassen, die Alltagsprobleme zu meistern.

5. *Seelsorgerliche Bücher*

Ladislaus Boros: Der anwesende Gott (Band 441)
zeigt den Charakter Jesu als Vorbild für die wichtigste Aufgabe der eigenen Charakterbildung.

Karl und Hugo Rahner: Worte ins Schweigen (Band 437)
enthält glaubensstarke Gebete in vorbildlicher Sprache.

Paul Tournier: Geborgenheit, Sehnsucht des Menschen (Band 399)
Als Arzt lehrt uns Tournier eine innerste Heimat finden.

Christa Meves: Die Bibel antwortet uns in Bildern (Band 461)
denn nicht intellektuelles Wissen, sondern bildhaftes Nacherleben erschließt die zeitlosen Wahrheiten und Lebenshilfen der biblischen Offenbarungen.

6. *Sonstige Bücher*

Joachim Illies: Umwelt und Innenwelt (Band 487)
Hier begründet ein bedeutender Biologe die Zusammenhänge zwischen Umweltverschmutzung und Vernachlässigung der Innenwelt. Nur neue Menschen können eine bessere Welt errichten.

Joachim Illies: Biologie und Menschenbild (Band 526)
Eine verständliche, nüchterne ehrfurchtsvolle und tiefe Übersicht über die biologischen Grundprobleme des Lebens.

Namenregister

Sachregister